LUCCA

e dintorni

D0123304

Distributore esclusivo
SANTORI S.A.S.
Via Busdraghi, 37 - Lucca
E-mail: santori.sas@tin.it

EDIZIONI

officina
grafica
bolognese

Andando noi vedemmo in picciol cerchio
torreggiar Lucca a guisa di boschetto
e donnearsi col prato e col Serchio.

(Fazio degli Uberti: *"Il Dittamondo"*)

Tu vedi lunge gli uliveti grigi
che vaporano il viso ai poggi, o Serchio,
e la città
dall'arborato cerchio,
ove dorme la donna dei Guinigi.

(D'Annunzio: *"Le città del Silenzio"*)

Testi e foto SANTORI S.A.S.
Via Busdraghi, 37
LUCCA
Tel. 0583.491333
Si ringrazia foto Ghilardi - Lucca per averci fornito parte delle fotografie

LA STORIA

A Liguri, Etruschi e Romani Lucca deve la sua nascita, anche se ritrovamenti antecedenti dicono che altri insediamenti umani qui vi furono fin nel Paleolitico. Il suo nome molto probabilmente è dovuto ai Celti Liguri, che definirono quella che oggi è la sua sede "luogo di paludi", ossia "Luck". Se il nome è dovuto a quell'epoca (o almeno così sostengono gli studiosi) è però all'incirca al terzo secolo avanti Cristo e ai romani che si deve il suo "decollo" come centro importante. Fu infatti *piazza forte* romana e, circa un secolo e poco più dopo, nel 180 a.C., colonia latina. Nell'89 divenne municipio romano (da ricordare che fu proprio a Lucca che avvenne un celebre incontro, destinato a modificare la storia di quei tempi: quello fra Cesare, Crasso e Pompeo: 56 a.C.).

I tempi di maggiore fulgore, comunque, li conobbe nei primi due secoli dell'era cristiana, di cui rimane una testimonianza insigne (una cerchia di mura, l'Anfiteatro, ecc.).

La sua collocazione in un punto strategico del territorio ne ha favorito notevolmente la vita: non soltanto numerose strade si intersecano intorno ad essa, (la Clodia, l'Aurelia, la Cassia), ma sia i Goti, sia i Longobardi la consideravano (e la dichiararono) capitale della Tuscia. E furono questi ultimi che, convertiti al cattolicesimo, l'organizzarono in Diocesi, con le varie Pievi, dando così avvio ad un ulteriore periodo di fulgore politico ed economico della città.

Bisogna arrivare ai tempi della prima Crociata, alla quale i lucchesi parteciparono largamente, per assistere ad un ulteriore accrescimento del prestigio di Lucca che si costituì in Comune e, nel tredicesimo secolo, la sua fama iniziò a varcare i confini divenendo centro di grandi commerci non soltanto con l'Europa, ma anche con l'Oriente (famose soprattutto le sue sete).

E fu ancora in questo periodo che il centro si accrebbe di ulteriori bellezze architettoniche (risale infatti ad allora la costruzione della seconda cerchia di mura, di molte chiese, ecc.). Anche le case furono abbellite ed incominciarono ad assumere la forma di torri, spesso sormontate da un ciuffo verde, costituito da un leccio piantato sulla sommità.

Contemporaneamente, però, incominciarono anche quelle lotte intestine destinate ad insanguinarne la storia: fra l'aristocrazia feudale e la borghesia dei "mercanti" ossia ghibellini e guelfi, e poi, alla vittoria di questi ultimi, Bianchi e Neri, a loro volta antagonisti. E furono infine i Neri a prevalere, con la definitiva cacciata degli Antelminelli. Fu però ad uno dei più insigni rappresentanti di questa famiglia, Castruccio Castracani, che Lucca deve uno dei momenti di maggiore fulgore. Il grande condottiero, infatti, riuscì ad estendere il potere della città su larga parte della Toscana. Alla sua morte, le lotte cittadine ripresero, facendo sì che

Lucca divenisse dominio della rivale Pisa.

Dal 1400 e per trent'anni fu signore di Lucca Paolo Guinigi, che le diede numerose testimonianze della propria potenza con la realizzazione di opere insigni, fra cui lo stesso palazzo Guinigi, la villa omonima ed il sarcofago di Jacopo della Quercia in cui riposa la sua giovane moglie, Ilaria del Carretto. Alla sua caduta, per opera dei nobili di Francesco Sforza, la repubblica lucchese conobbe momenti di incertezza a causa di varie crisi e la vicina Firenze andò assumendo il predominio sul territorio.

Cambiò così la concezione stessa della vita della città, che puntò quindi alla propria difesa (opponendo fra l'altro alle possibili offese nemiche una nuova cinta muraria) e dedicando ogni attenzione non più ai commerci, ma all'agricoltura. Di questo periodo (XVI secolo) sono fra l'altro le molte bellissime ville costruite un po' dovunque nelle campagne circostanti, di cui resta testimonianza insigne ancor oggi.

Senza grandi exploit, la repubblica lucchese visse così la sua esistenza fino alla fine del XVIII secolo, quando cadde in mano all'impero Napoleonico. Lucca, trasformata in principato, fu affidata ad Elisa Baciocchi, sorella dell'imperatore.

In tali mani rimase fino al 1814 e, tre anni dopo, passò al dominio dei Borbone-Parma, sotto cui rimase fino al 1847, quando la città fu annessa al granducato di Toscana, e con essa, entrò a far parte del Regno d'Italia.

LA CITTÀ

Prima ancora che per le opere d'arte che racchiude, Lucca merita di essere vista e ammirata in se stessa, come esempio, raro e prezioso ormai, di centro storico serbatoci pressoché integro nel suo insieme. Su questo conviene dunque soffermarci un poco, prima di descriverne i monumenti.

La struttura urbana è rimasta sostanzialmente quella romano-medievale. Il *cardo maximus* e il *decumanus maximus*, i due principali tracciati che dividevano ortogonalmente il quadrato *castrum* romano incrociandosi nel Foro (presso l'odierna Piazza S. Michele, detta appunto "in Foro") sono ancor oggi chiaramente identificabili nelle due direttrici costituite da Via Cenami e Via Fillungo (nord-sud); e da Via S. Paolino, Via Roma, Via S. Croce (est-ovest). Abbastanza evidenti, seppur più deformati o erosi, anche i tracciati minori (*cardines e decumani minores*) paralleli ai primi, che spartivano in *insulae* il tessuto urbano.

All'interno di questi isolati l'addensamento delle costruzioni ha creato nel Medioevo un complesso intreccio di vicoli, di stradette ritorte, di corti che si congiungono l'una all'altra attraverso anditi e volte, di piazzette irregolari ed asimmetriche.

La sostanziale stabilità della struttura urbana non significa però che la città, dal punto di vista architettonico, si sia fermata a un certo periodo ormai remoto della

sua storia. Tutt'altro. Se si escludono le chiese maggiori, si può dire che ben pochi siano gli edifici e gli ambienti che nel corso dei secoli non siano stati più o meno profondamente rimaneggiati. La città anzi non ha mai cessato di rinnovarsi, adeguandosi via via alle nuove esigenze ed al variare del gusto. Ma questo è avvenuto in genere non con distruzioni radicali, ma piuttosto attraverso un'opera di rifacimento e ammodernamento che dei vecchi edifici salvava quanto ancora poteva essere utilizzato. Spesso nell'asimmetria delle piante e dei prospetti o nella particolarità di certe soluzioni è evidente l'adattamento di una situazione preesistente. Così i palazzi del Cinque, Sei e Settecento non sono presenze estranee e isolate nel tessuto della città, ma vi si inseriscono con naturalezza, senza turbarne il carattere e l'equilibrio. Anche il mutare del gusto e dello stile che, di epoca in epoca, dà la sua impronta agli elementi compositivi e ornamentali delle facciate, non revoca fratture o contrasti: la tradizione non è mai respinta, ma solo costantemente rielaborata.

E' questa continuità urbanistica, architettonica e stilistica, ben salda e ininterrotta fin quasi a tutto l'800, che ha dato alla città la sua precisa fisionomia, il suo volto inconfondibile.

Le brutture, poche per fortuna, che in qualche punto ci colpiscono, sono tutte di epoca recente e restano, queste sì, veramente estranee e stridenti. A salvare Lucca dalle distruzioni che hanno sconvolto nell'ultimo secolo i più illustri centri urbani d'Italia, è stata determinante la presenza delle poderose mura cinquecentesche. Un po' per la loro stessa mole (distruggerle non sarebbe stata un'impresa agevole), un po' perché sono state sempre amate dai lucchesi, le mura hanno resistito intatte, chiudendo e isolando la città nel loro verde cerchio. Cominciamo dunque da esse la nostra visita.

LE MURA

Di città murate in Italia ne esistono tante, ma poche, come Lucca, possono vantare ben quattro cinte che la difendono e di cui si conservi tanta parte ancor oggi.

La prima risale al tempo dei romani ed era a forma quadrangolare, presumibilmente alta fra gli otto e i nove metri, con svolgimento lungo le attuali vie della Rosa, dell'Angelo Custode, Mordini, degli Asili, San Giorgio, Galli Tassi, San Domenico, della Cittadella e corso Garibaldi. Costruita in grossi blocchi di calcare, è ovviamente quella di cui resta minor parte, anche se un tratto è ancora visibile all'interno della chiesa di Santa Maria della Rosa.

Quattro erano le porte che vi si aprivano: quella a nord, detta poi di San Frediano, da cui si accedeva alla Clodia ed alla Cassia verso Parma; quella est, detta di San Gervasio in tempi successivi, con le strade per Firenze e per Roma; quella a sud detta poi di San Pietro, da cui si andava a Pisa, e quella ad ovest, ribattezzata di San Donato, che conduceva a Luni.

La seconda cerchia è invece quella medievale e la sua costruzione durò dal XII al XIII secolo. Essendosi la città ampliata verso nord-est, si rese necessario porre a protezione dei nuovi quartieri (quello di San Fredia-

no, di San Pietro Somaldi, di Santa Maria Forisportam) un nuovo baluardo. Realizzata con pietre squadrate, aveva quattro porte, di cui soltanto due restano oggi a testimoniare la loro esistenza: quella dei **Borghi** e quella dei **Santi Gervasio e Protasio**.

Come le altre due, erano dotate di ponte levatoio che scavalcava il fossato esterno, ed affiancate da due torri laterali. All'interno di questa cerchia, pochi anni dopo, per volontà di Castruccio Castracani e su progetto di Giotto, venne realizzata anche un'ulteriore difesa, l'Augusta, che comprendeva circa un quarto del territorio cittadino compreso fra due lati delle mura.

La terza cinta muraria risale invece al XVI secolo. Fu realizzata con torrioni che delimitarono un'ulteriore porzione di territorio sul lato nord-est, mentre a sud e a ovest ci si limitò a costruire soltanto grossi torrioni circolari lungo le vecchie fortificazioni.

Ed infine la quarta cerchia, quella che ancor oggi fa sgranare gli occhi ai visitatori per l'imponenza della realizzazione. La sua costruzione richiese oltre un secolo di lavori e se ne comprende il perché pensando anche solo alla incredibile estensione di questa splendida "cintura": 4200 metri.

Ma a parte l'estensione dell'opera, bisogna considerare che lungo la "corsa" intorno alla cit-

Porta S. Donato

Porta S. Maria - Interno

tà, la quarta cerchia aveva undici baluardi, dodici cortine (con lunghi filari di piante) e fossato esterno con relativo terrapieno e "mezzelune". Un'opera colossale, quindi, per la quale anche i privati cittadini concorsero con contributi che spesso erano costituiti da decine di carri di pietre.

Dietro gli "orecchioni" dei baluardi, erano piazzate le artiglierie: 126 cannoni che rimasero al loro posto fino all'arrivo degli austriaci, nel 1799, che li asportarono. Oltre che baluardo difensivo, erano anche Santa Barbara, asilo e posto di vettovagliamento: nei locali sotterranei, infatti, con volte di mattoni, erano conservate le munizioni e quanto poteva servire per resistere ad un attacco anche prolungato.

In origine tre le porte: di **San Donato**, di **San Pietro** e di **Santa Maria**. Una quarta, **porta Elisa**, fu fatta aprire dalla sorella di Napoleone nel 1804 sul lato orientale della città. Altre due infine, **porta San Jacopo** e **porta Sant'Anna**, furono fatte aprire in epoca più recente.

La cosa singolare è che la grande e maestosa fortificazione, in realtà non servì mai per difendere la città da attacchi nemici. Fu invece preziosa nel 1812 quando un'alluvione avrebbe potuto spazzare via Lucca che fu invece preservata dalla loro presenza. Il Serchio, infatti, straripò, allagando la campagna circostante, ma la città, chiudendo ermeticamente le sue mura, riuscì a restare all'asciutto.

Particolare curioso: Elisa Bonaparte Baciocchi, alla notizia dell'alluvione, tentò di rientrare in città e per farlo dovette farsi issare al di sopra delle mura con una gru.

L'attuale loro assetto è quanto mai gradevole all'occhio: parchi, giardini, una memorabile "passeggiata", rendono le mura qualcosa di irripetibile ed ineguagliabile.

Baluardo S. Paolino - Interno

IL DUOMO

La primitiva chiesa di S. Martino, fondata secondo la tradizione da S. Frediano, risaliva al VI secolo. Il vescovo Anselmo da Baggio, divenuto poi papa Alessandro II, la ricostruì dalle fondamenta a cinque navate, consacrandola solennemente nel 1070 alla presenza di Matilde di Canossa. Anche di questo secondo edificio resta però ben poco. Nel suo aspetto attuale il duomo è il frutto di una lunga opera di rifacimento che, iniziata nel sec. XII, si concluse nella seconda metà del 400, salvo alcuni minori ampliamenti successivi.

La parte più antica è la facciata. Fu costruita sul limite di un portico preesistente ed appoggiata alla vecchia facciata Anselmiana per mezzo di due archi sopra la volta dell'atrio. Al di sopra di questo rimase quindi un'intercapedine, che venne aperta verso l'interno. Verso la metà del sec. XII le arcate del portico erano già compiute. Più tarda la parte superiore: un'iscrizione (sul cartiglio retto da una figura maschile nell'ultima colonnina verso il campanile della prima loggetta) attesta che *Guidetto da Como* vi aveva compiuto la sua opera nel 1204.

Dal 1233 al 1257 si lavorò nell'atrio alla decorazione del muro di facciata ed ai portali; mentre l'abside, con le due cappelle di testata delle navate e il transetto nord,

venne iniziato nel 1308, ampliando considerevolmente verso est la precedente Anselmiana.

Nel 1372, partendo dalla zona absidale rivelatasi pericolosamente instabile, si intraprese, dopo un consulto con alcuni fra i maggiori architetti dell'epoca, fra cui *Simone di Francesco Talenti*, un generale rinnovamento dell'interno, che venne ristrutturato a tre navate.

L'adozione delle volte a crociera in luogo della copertura a capriate comportò la sostituzione delle colonne monolitiche con pilastri cruciformi e la costruzione di contrafforti sulle fiancate.

I lavori arrivarono a compimento nel sec. XV con la decorazione esterna della navata centrale e, all'interno, con l'esecuzione delle trifore del matroneo. Più tarde

Duomo - La Facciata

Duomo - S. Martino e il povero (Sec. XIII)

sono le due cappelle ai lati delle tribune: quella a sud, la *Cappella del Sacramento* fu costruita nella prima metà del 500 da *Vincenzo Civitali*; l'altra, la *Cappella del Santuario*, da *Muzio Oddi da Urbino*, un secolo dopo.

Il lungo arco di tempo in cui fu costruita, e quindi il sovrapporsi del gusto di epoche, maestranze e personalità assai diverse, non hanno tuttavia prodotto nella fabbrica del Duomo gravi disarmonie. Pur nella forte disparità cronologica vi è stato fra le varie parti un senso di continuità, uno spirito di armonico adattamento che ha consentito all'opera mo-

numentale di riuscire nel suo insieme sostanzialmente omogenea.

LA FACCIATA - La facciata è, come abbiamo detto, la sola parte autenticamente romanica, ed è anche la parte più originale e significativa. Fino a questo momento il romanico lucchese era stato nettamente caratterizzato dalla lineare purezza dell'insieme architettonico, quasi privo di ornamentazione (vedi la chiesa di S. Alessandro e la parte più antica di S. Frediano). Qui, nella facciata di S. Martino, appare per la prima volta la testimonianza di espressioni artistiche lontane e di-

17

verse diffusesi lungo la via dei pellegrinaggi, di cui Lucca era una stazione importante.

L' atrio con le tre potenti arcate non ha precedenti, come soluzione edilizia, nell'architettura dell'epoca.

L' opera, di grande forza inventiva, rivela chiaramente la formazione padana dell'artefice. Ma nella complessa decorazione scultorea compare, soprattutto nel terzo pilastro da sinistra, accanto alla mano del maestro lombardo, quella di un altro artista di cultura pugliese, permeata da motivi bizantini.

Per la parte superiore il precedente monumentale è certo il Duomo di Pisa. Ma l'architetto, Guidetto da Como, pur riprendendo lo schema degli ordini di loggette sovrapposti, se ne allontana stilisticamente, pervenendo a un risultato espressivo del tutto diverso. Il geometrico nitore della facciata pisana di Rainaldo, in cui fregi, sculture ed intarsi sottolineano simmetricamente le linee architettoniche, è qui superato e sconvolto dal prorompente vigore plastico e coloristico delle maestranze lombarde.

La tarsia figurativa bianca e verde - stemmi, rosette, soggetti zoomorfi o vegetali, che richiamano analoghi motivi delle sete lucchesi dell'epoca - si espande liberamente su tutte le superfici, mentre la decorazione scultorea si addensa sui capitelli, sulle cornici, sulle mensole, affollandole di draghi, sirene, leoni, di lotte di fiere e di uomini.

La fantasia dei maestri lombardi si manifesta specialmente nella estrema diversificazione dei fusti delle colonne: alcuni interamente scolpiti, altri a spirale o sorgenti dalla bocca di un drago, altri ancora formati da quattro colonnine annodate, i più semplici ornati da tarsie a scacchiera o a spina di pesce.

Delle statue che avrebbero dovuto accogliere le mensole che sporgono in basso a diverso livello, l'unica eseguita o pervenuta è il gruppo di "S. Martino e il Povero" (ora all'interno della chiesa e sostituito in facciata da un calco in cemento). L' opera, veramente singolare, ha dato luogo per luogo tempo a forti contrasti nella critica, con attribuzioni che spaziavano dal XII fino al XIV e anche al XV secolo. Oggi è generalmente riconosciuta come appartenente a un artista di cultura bizantina della prima metà del sec. XIII.

La facciata di S. Martino è rimasta incompiuta, mancando dell'ultimo ordine di loggette e del timpano. Ciò che più colpisce, però, è la notevole asimmetria, derivante dalle minori dimensioni che ha l'arcata di destra rispetto alle altre due.

Evidentemente gli architetti romanici dovettero tener conto della preesistente torre campanaria e risolsero il problema con la loro abituale libertà e spregiudicatezza. Si deve però osservare che nelle piazze lucchesi le strette strade di accesso non sono mai in asse con l'edificio principale, che quindi si presenta sempre d'angolo.

Questo valeva certamente anche per Piazza S. Martino, un tempo occupata da costruzioni in seguito scomparse: per chi si avvicina da nord-ovest, lungo il muro della chiesa di S. Giovanni, l'effetto di scorcio riduceva notevolmente l'importanza dell'asimmetria.

Un'ultima cosa da rilevare è che la facciata di S. Martino, ove fosse stata compiuta, sarebbe risultata sopraelevata rispetto al corpo originale della fabbrica, con una soluzione analoga a quella della chiesa di S. Michele, eseguita più tardi dalle stesse maestranze.

Duomo - Facciata da via del Battistero

Atrio - Portale Maggiore e Portale di Destra

L'ATRIO - La decorazione, pur ricchissima, qui non dilaga come sulla facciata, ma è strettamente coordinata con l'impianto architettonico, costituito da sette arcate cieche separate da leoni aggettanti, in cui si inseriscono i tre portali.

Le superfici sono spartite a intervalli regolari da fasce di marmo verde e rosso: nei riquadri si iscrivono una serie di preziose tarsie; un medaglione romano (IV sec.) raffigurante un imperatore; un altro rinascimentale, che è il ritratto di profilo dell'umanista *Pietro d'Avenza*; e, ai lati della porta di sinistra, due lapidi, riprese in trascrizione duecentesca della vecchia facciata; la prima, in esametri, celebra la ricostruzione della

chiesa fatta dal papa Alessandro II; l'altra, del 1.111, ricorda il giuramento di onestà dei cambiavalute che tenevano il loro banco nell'atrio. Più in alto, in pannelli disposti simmetricamente, le Storie di S. Martino e le figurazioni dei Mesi.

Non è possibile identificare con sicurezza gli artisti, di eccezionale personalità, che qui hanno operato. Tra i nomi che ci forniscono i documenti spiccano quelli di *Maestro Lombardo* (forse figlio di Guidetto da Como) e di *Guido Bigarelli*. A quest'ultimo, che ha lasciato diverse opere anche a Pisa e Pistoia, vengono assegnati il disegno architettonico generale, la decorazione dei portali, l'architrave della porta maggiore (Maria e

Atrio: Storie di San Martino

Sotto: Atrio - Simboli dei mesi

gli Apostoli) ed i sovrastanti simboli degli Evangelisti (l'Aquila e l'Angelo). A Maestro Lombardo sono attribuiti: l'architrave della porta destra (S. Regolo disputa con i Goti ariani) e, nella lunetta, il bellissimo "Martirio di S. Regolo"; la lunetta della porta centrale (Cristo ascendente tra due angeli); i rilievi delle "Storie di S.

Martino", ai lati della porta maggiore; e, al di sotto di questi, le figurazioni dei Mesi, con i segni dello Zodiaco inseriti nell'imposta dagli architetti. Le sculture, di altissima qualità, si caratterizzano per equilibrio di composizione, saldezza di impianto e plastica energia.

Un'altra presenza si manifesta nell'atrio: quella di *Nicola Pisano*, cui sono concordemente attribuiti l'architrave della porta di sinistra (Annunciazione, Natività e Adorazione dei Magi) e la splendida "Deposizione" della lunetta. Sarebbe questa la prima opera conosciuta di Nicola, da poco arrivato in Toscana dalla Puglia.

Sopra l'arco minore che guarda verso Piazza Antelminelli si vede la testa di un personaggio mitrato, all'interno, e all'esterno un busto femminile: secondo la tradizione raffigurerebbero papa Alessandro II e la contessa Matilde. Sul semipilastro di destra, addossato al campanile, è inciso il simbolico Labirinto che si trova anche in altre chiese italiane dell'epoca.

L'INTERNO - Come abbiamo già detto, venne interamente ricostruito dal 1372 alla fine del secolo successivo. Il gusto gotico non fu molto sentito a Lucca, dove si cercò in genere di conciliare le nuove tendenze con la forte ed ancora prevalente tradizione costruttiva romanica.

Atrio: Il Labirinto

Anche qui in S. Martino, che pure è l'unica chiesa lucchese dell'epoca con copertura a volta (tutte le altre, anche se di grandi dimensioni, hanno la copertura a capriate), lo slancio dei pilastri cruciformi e il verticalismo della navata centrale sono fortemente attenuati dall'adozione dell'arco a tutto sesto. Alla fase più tarda del gotico internazionale sono da riferirsi le eleganti trifore archiacute del matroneo, che continuano, aperte sul vuoto, anche nel muro sopra i pilastri divisori del transetto. Pur nel compromesso stilisti-

Interno - Navata destra: Ultima Cena (Tintoretto 1590)

co, l'insieme riesce tuttavia assai suggestivo ed imponente.

La chiesa di S. Martino è ricchissima di opere d'arte, fra le quali segnaliamo le più importanti. Entrando dalla porta maggiore si trova subito a destra, addossato al muro, il gruppo marmoreo di "S. Martino e il povero", un tempo sulla facciata, di cui abbiamo già parlato. Le acquasantiere, presso i due primi pilastri, sono opera di *Matteo Civitali* (1498), cui si deve pure l'ideazione del pavimento. Formato da riquadri di marmo bianco listato di verde, al centro dei quali si trovano geometrici intarsi policromi, esso risponde armonicamente alle proporzioni architettoniche della chiesa. Procedendo lungo la navata destra, al terzo altare, una "Ultima cena", dipinta su commissione dal Tintoretto intorno al 1590. Per quanto eseguita in parte da aiuti, la tela è notevole per la drammatica concezione prospettica e luministica. Poco più oltre si apre l'ingresso della Sacrestia ricostruita sul finire del sec. XIV e compiuta nel

Angelo Adorante (Matteo Civitali)

*Sacrestia - Madonna col Bambino in trono fra quattro Santi
(Domenico Ghirlandaio 1449-1494)*

1404. Gli splendidi capitelli dei semipilastri rivelano la mano di *Jacopo della Quercia*, assai attivo in quegli anni nei lavori del Duomo. Al suo interno è stato provvisoriamente collocato il celebre sarcofago di Ilaria del Carretto, seconda moglie di Paolo Guinigi, morta nel 1405.

L'opera, eseguita da Jacopo della Quercia nel 1407-1408, ricorda nella composizione analoghi monumenti francesi, ma il gusto gotico è qui superato da un respiro e una sensibilità ormai rinascimen- tali. Pur nella forte stilizzazione, la figura di Ilaria è profondamente viva e toccante e lascia un ricordo incancellabile nell'animo di chi la contempli per un momento. I putti reggifestoni di ispirazione classica, sui fianchi del sarcofago, sottolineano in tono più grave la calma e serena bellezza della donna giacente. Su uno dei lati corti è scolpito lo stemma inquartato Guinigi-Del Carretto. Il bassorilievo dell'altare di S. Agnello, con la figura del santo, è opera di *Antonio Pardini da Petrasanta*, no-

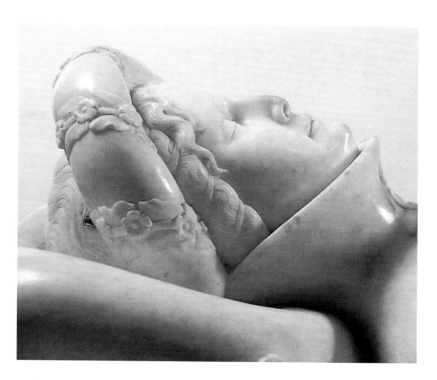

Particolari del sarcofago di Ilaria del Carretto (Jacopo della Quercia 1407-1408)

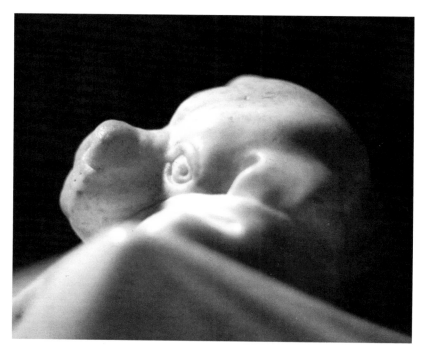

tevole figura di artista, recentemente riscoperta e rivalutata. Dobbiamo un cenno a questo punto alla decorazione esterna della parte alta dell'abside, del transetto e della navata centrale, a cui lavorarono a lungo, insieme a diversi altri, lo stesso Antonio Pardini (con funzioni direttive dal 1395 al 1419) e Jacopo della Quercia: queste sculture, in particolare le teste umane delle imposte degli archi, finalmente studiate da vicino, si sono rivelate di eccezionale importanza.

La tavola dell'altare di S. Agnello "Madonna in trono fra quattro Santi" è di *Domenico Ghirlandaio* (1449-1494). Al suo allievo *Bartolomeo di Giovanni* si devono le libere e fantasiose scene della predella. La lunetta posta a coronamento "Cristo morto sorretto da Nicodemo sul sepolcro" è attribuita a *Filippo Lippi*. Sempre nella sacrestia una tavola raffigurante

Madonna col bambino in trono fra Santo Stefano e San Giovanni Battista (Frà Bartolomeo della Porta)

S. Girolamo, da alcuni attribuita al *Guercino* e da altri a *Paolo Biancucci*, un'altra tavola rappresentante "Natività" del '400 e una tavola di *Jacopo Ligozi* del '500 del quale si trova una "Visita di Maria a Santa Elisabetta" del 1506 sull'altare posto dietro al tempietto del Volto Santo.

Usciti dalla Sacrestia si raggiunge il transetto destro dove si trovano diverse opere del lucchese *Matteo Civitali*, grande scultore ingiustamente trascurato dalla critica, forse perché operò in ambiente periferico, ma pienamente partecipe

Presentazione di Maria al Tempio (Alessandro Allori detto il Bronzino - 1598)

della cultura figurativa del suo tempo. Il monumento sepolcrale di Pietro da Noceto, appoggiato sulla parete ovest, è la sua prima opera documentata (1472: il Civitali aveva allora trentasei anni) ed una delle più belle: fu stimata da Antonio Rossellino 450 ducati d'oro. Sulla parete sud è il più severo monumento funebre del mecenate *Domenico Bertini*, anch'esso di singolare interesse (1479). Negli anni immediatamente precedenti Matteo scolpì i due bellissimi angeli adoranti che si trovano nella adiacente *Cappella del Sacramento*: facevano parte di un altare andato purtroppo smembrato (il ciborio è probabilmente da identificarsi con quello, firmato, del *Museo Victoria and Albert di Londra*). Infine, in testa alla navata, il grande dossale dell'altare di S. Regolo (1484). Sull'altare maggiore è stato sistemato un trittico del sec. XIV su fondo oro "Madonna fra angeli e Santi", prima nella sacrestia.

Traversato il presbiterio, si raggiunge la navata sinistra, nella cui testata si trova l'altare della Libertà, eseguito dal *Giambologna* nel biennio 1577-1579. Di mano dello stesso artista è senz'altro la bella e notissima statua centrale del *Cristo risorto*, mentre ad aiuti sono da attribuire quelle laterali dei santi protettori *Pietro e Paolino*. Nella predella è scolpita in bassissimo rilievo una veduta di Lucca cinquecentesca con la nuova cinta di mura. L'altare fu voluto dai lucchesi per celebrare la libertà recuperata nel 1369 e poi costantemente mantenuta.

Nella adiacente *Cappella del Santuario* è custodita una bellissima pala d'altare di *Frà Bartolomeo della Porta*, raffigurante la Madonna col Bambino fra due Santi, con due angeli reggicorona e un altro che suona il liuto ai piedi del trono. Il dipinto, firmato e datato 1509, rivela nei toni caldi del colore il manifestarsi dell'influsso veneto sulla formazione del pittore fiorentino. Molti disegni preparatori di quest'opera si trovano agli Uffizi, al Louvre, a Chantilly, a Weimar.

Cantoria dell'Organo

IL VOLTO SANTO

A metà della navata sinistra sorge il tempietto ottagonale, elegante opera di Matteo Civitali (1484), che custodisce il celebre Crocifisso ligneo noto come "Volto Santo" o anche "Santa Croce".

Secondo l'antica leggenda il Crocifisso fu scolpito in un cedro del Libano da Nicodemo, ma furono gli angeli a guidare la mano che modellava le sembianze del Cristo. Tenuto nascosto per secoli a

Tempietto del Volto Santo (Matteo Civitali 1484)

causa delle persecuzioni, venne un giorno posto su una barca e affidato al mare aperto.

Veleggiando miracolosamente attraverso il Mediterraneo il vascello, sfuggito ai pirati, pervenne alfine davanti al lido di Luni.

Qui, per affidare alla volontà divina la scelta della sede, la Santa Croce fu posta su un carro tirato da giovenchi indomiti: ed essi, liberamente, si diressero verso Lucca. La traslazione sarebbe avvenuta ai tempi del vescovo Giovanni I (sec. VIII).

La leggenda continua con la narrazione dei primi prodigi compiuti dal Volto Santo, tra i quali merita di essere ricordato quello del povero giullare, Venuto di Francia pellegrino. Costui, dolente di non poter offrire neppure un obolo, espresse come meglio poteva la sua devozione, suonando il liuto dinanzi alla sacra immagine.

Il Cristo, impietosito, gli donò allora una delle sue pianelle d'argento, lasciandola cadere davanti a lui. Sorpreso poco dopo e ritenuto reo di furto sacrilego, il giullare ebbe salva la vita per l'intervento divino, che lo fece riconoscere innocente.

Da allora una delle pianelle del Volto Santo è sostenuta da un calice d'argento.

Nel Medioevo la leggenda della Santa Croce e la fama dei suoi miracoli si diffusero rapidamente in tutti i paesi dove giungevano i mercanti lucchesi, soprattutto in Francia, nelle Fiandre ed a Londra. Il re Guglielmo II d'Inghilterra era solito giurare "per sanctum Vultum de Luca". A propagandare la leggenda erano anche i menestrelli, soprattutto francesi, che seguivano i pellegrinaggi, provenienti da ogni parte d'Europa. Fra la gente del popolo che, in lontane contrade, ascoltava loro canti, il culto del Volto Santo dette così luogo a singolari derivazioni. In certe zone della Francia, per esempio, si venerò un "Saint Vaudeluc" che non era altro che un fraintendimento di "Saint Vault de Lucques". Un'origine del genere ebbe anche, nei paesi germanici, la barbuta vergine crocifissa, Santa Kummernis.

Il Volto Santo divenne presto il simbolo di Lucca: la sua effigie si trova incisa sulle monete della città, sui sigilli della Corte dei mercanti ed è rammentato anche da Dante nel Canto XXI dell'Inferno.

La datazione del Volto Santo ha dato luogo da un secolo a questa parte a gravi controversie e disparità di vedute fra i critici e gli storici, anche perché la tradizione, i documenti, spesso di difficile valutazione, e i caratteri stilistici dell'opera sembrano reciprocamente contraddirsi.

L'opinione ormai prevalente tuttavia è che il grande crocifisso sia opera di un maestro lombardo della seconda metà del sec. XI (l'epoca precisamente in cui papa Alessandro II promosse il rinnovamento della chiesa lucchese). Sembra d'altra parte potersi dedurre con certezza dai documenti che l'attuale Volto Santo sia stato preceduto in S. Martino da un altro crocifisso, di cui mancano notizie precise, ma certamente assai più antico: questo potrebbe conciliare la tradizione col giudizio della critica.

Il Volto Santo era in origine in legno policromato, ma l'annerimento prodotto nei secoli dal fumo delle candele e dell'incenso ha dato all'intera figura una patina molto scura. L'opera è di una severa e profonda bellezza.

Durante le feste di Settembre, dette appunto di "Santa Croce", il Volto Santo viene rivestito di preziosi ornamenti: una tunica di velluto ricamato in oro, decorata con prodigiosa ricchezza (sec. XIV); una corona e un collare d'oro con grande gioiello (sec. XVII). Ogni anno, sul calar della sera del 13 Settembre, si svolge

Duomo - Volto Santo

attraverso la città, a ricordo della traslazione del Volto Santo, una processione alla quale assiste si può dire l'intera cittadinanza; ad essa partecipano tradizionalmente, con un cero votivo, i rappresentanti di tutti gli antichi dominii della Repubblica.

All'altare prospiciente la Cappella del Volto Santo "Presentazione di Maria al tempio" di *Alessandro Allori detto il Bronzino*, firmata e datata 1598.
Al termine della navata, sul muro interno della facciata, si vede un affresco di *Cosimo Rosselli* che

Duomo - Volto Santo

narra episodi della leggenda del Volto Santo (c. 1482).

La chiesa di S. Martino è stata in ogni tempo ricchissima di arredi preziosi, come provano i numerosi inventari pervenutici in serie quasi ininterrotta dal 1239 in poi. Purtroppo ripetute spoliazioni hanno gravemente depauperato nel corso dei secoli questa ricchezza: ricordiamo ad esempio quella del 1440, quando tutte le chiese di Lucca offrirono gran parte dei loro argenti per contribuire alla difesa della città contro i fiorentini.

Merita però di essere qui ricordata, sia per la sua importanza sia per la fama che gode tra i lucchesi, la "Croce dei Pisani", cosiddetta perché secondo la tradizione sarebbe stata tolta con l'inganno ai pisani. Custodita nel Museo del Duomo, alta 76 cm., poggia su una base esagonale allungata, finemente cesellata a fiorami e presenta sul recto un ricchissimo disegno a girali di foglie che sorreggono statuette (il Crocifisso; l'Eterno nella cimasa; S. Marco e S. Luca ai finali del braccio traverso in due edicolette; S. Matteo e due dolenti in basso). Sul verso la croce è fiorita di ventiquattro gigli che portano in ogni calice una figurina di profeta. L'opera, di altissima qualità, è da attribuire a un orefice oltremontano della fine del sec. XIV.

Per consuetudine viene esposta sull'altare maggiore il giorno di S. Croce.

Duomo - Volto Santo

MUSEO DELLA CATTEDRALE

Di fronte al transetto sinistro della chiesa di San Martino è l'ingresso al Museo della Cattedrale, recentemente costituito per accogliere sia gli arredi realizzati fin dall'Alto Medioevo per la celebrazione delle solenni funzioni liturgiche della Cattedrale, sia le opere pittoriche e scultoree che, rimosse dall'originaria collocazione per ragioni di conservazione o sostituite per soddisfare i periodici mutamenti del gusto, giacevano parte nei depositi, parte nella sacrestia del Duomo ed erano, di conseguenza, difficilmente accessibili al pubblico.

La dislocazione delle opere all'interno del complesso architettonico che ospita il museo segue un ordine cronologico per consentire al visitatore la percezione globale del gusto artistico di ogni epoca con l'unica eccezione costituita dalla sala dedicata ai codici e ai corali miniati, che integrano la conoscenza della produzione pittorica a Lucca dal Medioevo al Quattrocento, riuniti in un solo ambiente per meglio controllare le fonti di illuminazione.

Tra i pezzi esposti particolare pregio e rarità assumono il dittico in avorio di *Areobindo*, risalente al VI secolo, il cofanetto in rame e smalti proveniente da Limoges, che raffigura il martirio di San

Sacra Conversazione (Vincenzo Frediani - fine Sec. XV)

Annunciazione (Leonardo Grazia, inizio Sec. XVI)

Tommaso Becket e l'ascesa della sua anima al cielo, la celebre croce fiorita detta "dei Pisani" e il cofanetto in cuoio impresso e dipinto di fattura fiamminga.

La prospera stagione vissuta dalla cultura figurativa lucchese tra Quattro e Cinquecento è illustrata dalle pitture di Vincenzo Frediani, dal recinto corale di Matteo Civitali e da due opere in argento condotte da *Francesco Marti*: il reliquiario a forma di tempietto circolare ed il pastorale che reca nel ricciolo il gruppo equestre di San Martino che dona il mantello al povero.

L'esposizione di paramenti e pianete in seta, talvolta arricchite da ornati floreali e geometrici a ricamo, attesta l'elevato livello qualitativo raggiunto e mantenuto dalle manifatture tessili lucchesi fino al Settecento inoltrato.

Il museo possiede inoltre un consistente nucleo di argenterie realizzate a Lucca tra il XV e il XIX secolo, in gran parte attribuibili con certezza per la presenza dei punzoni.

La sala dedicata alla scultura si affaccia sulla Cattedrale permettendo un immediato richiamo all'originaria ubicazione delle opere esposte: tra queste si ricordano la testa di vescovo della fine dell'XI secolo - una delle rare testimonianze della Cattedrale voluta e consacrata nel 1070 da Anselmo da Baggio, vescovo di Lucca e papa col nome di Alessandro II, l'Apostolo di Jacopo della Quercia proveniente da uno dei contrafforti sul fianco settentrionale del Duomo, la statua di Frà Fazio, rappresentazione simbolica del contribuente alle spese sostenute per la costruzione della Cattedrale. Il percorso museale comprende anche la visita dell'oratorio di San Giuseppe ,unico resto del convento cinquecentesco delle monache Gesuite, che nel corso del Seicento venne arricchito, oltre che da pitture, da un apparato ligneo intagliato e dorato.

La visita termina nella sala dedicata agli ornamenti del Volto Santo, ancora oggi utilizzati il 3 di maggio e il 14 settembre per "vestire" il venerato simulacro di Cristo conservato nel tempietto di Matteo Civitali all'interno del Duomo.

Lo stesso ambiente ospita le quattro statue degli Evangelisti eseguite dai *Fancelli*, seguaci del *Bernini*, già collocate entro gli archi esterni al tempietto del Volto Santo.

Tra le testimonianze più significative della devozione riservata dai lucchesi alla sacra effigie, si ricordano il fregio trecentesco che orna la veste del Cristo, la sfarzosa corona aurea con gemme incastonate ed il collare dall'esuberante decorazione eseguiti alla metà del Seicento e il gioiello, impreziosito con smalti e diamanti, riferibili all'orafo francese *Gilles Légaré* attivo alla corte del Re Sole.

Usciti dal museo, seguendo il lato nord di S. Martino, si giunge sul prato retrostante, delimitato da un lato dalle mura e dall'altro dal Palazzo Arcivescovile. Di qui si ha una magnifica veduta d'insie-

Frà Fazio (Anonimo - fine Sec. XIV)

me di tutta la parte tergale della chiesa e del campanile.

Adiacente al palazzo è l'Archivio Arcivescovile cui si accede da un portale quattrocentesco (scuola di Jacopo della Quercia). Vi sono conservati diplomi di imperatori, bolle papali e oltre 1500 pergamene, fra le quali molte dei sec. VIII, IX e X, di fondamentale importanza per lo studio del periodo longobardo e carolingio.

PIAZZA S. MARTINO

Le due piazze su cui sorge il Duomo - Piazza S. Martino e Piazza Antelminelli, collegate da un breve braccio con la vicina Piazza S. Giovanni - costituiscono uno degli ambienti più armonici e più suggestivi che offra la città. All'equilibrio dell'articolato complesso concorrono felicemente gli edifici che vi si affacciano, pur di epoche e di stili diversissimi. Un esempio ammirevole di comprensione ambientale e di perfetta sistemazione urbanistica è dato dal *Palazzo Micheletti*, fatto costruire nella seconda metà del 500 da *Giovan Battista Bernardi*, vescovo di Ajaccio, di cospicua famiglia mercantile lucchese. Il sapiente uso del bugnato, che disegna con misurata eleganza i portali, le finestre, gli architravi, gli spigoli lo fanno assegnare con certezza a *Bartolomeo Ammannati*, presente in quegli anni a Lucca per i lavori del Palazzo Pubblico. Addossato al transetto di S. Giovanni, il delizioso palazzetto si prolunga in un alto muro balaustrato in cui si aprono, ai lati del portale, due grandi finestre; il bellissimo muro, col giardino che racchiude, lega mirabilmente le due piazze. Di una eguale capacità di inserirsi senza turbarlo in un ambiente achitettonico preesistente ha dato prova *Lorenzo Nottolini*, costruendo nel 1832 la vasca circolare sulla Piazza Antelminelli. la casa dell'Opera del Duomo, adiacente

Palazzo Micheletti

Basilica di S. Giovanni - Interno

alla chiesa, per quanto assai manomessa (e in parte anche malamente restaurata) costituisce un notevole esempio di edificio lucchese del sec. XIII: caratteristiche le arcate in pietra del piano terra, originariamente aperte, le ariose trifore dei piani superiori e la policromia dei materiali usati. Seguendo il fianco della chiesa di S. Giovanni, si giunge subito nella piccola piazza omonima, anch'essa straordinariamente viva ed armoniosa, per quanto vi manchino edifici di particolare rilevanza architettonica. La chiesa, dedicata a S. Giovanni e S. Reparata, fu la prima cattedrale di Lucca, fino al sec. VIII.

Scavi sistematici, effettuati di recente nel corso di lavori di consolidamento, hanno rimesso in luce il piano con le basi dei pilastri e la cripta della fabbrica primitiva (V e VI sec.). Nel sec. XII venne ricostruita dalle fondamenta nella forma attuale: nell'interno a tre navate furono usati, adattandoli con basi di varie dimensioni diversi fusti di colonne e alcuni capiteli di età imperiale. La facciata, rifatta nei primi anni del '600, conserva il portale romanico, con un architrave scolpito di gusto lombardo. Annesso alla chiesa è il Battistero, ricostruito a pianta quadrata nel sec. XIV e terminato con la cupola ogivale nel 1393. Scavi eseguiti nel secolo scorso vi hanno messo in luce un'antica vasca lustrale, probabilmente altomedievale, e frammenti di un pavimento romano a tessere bianche e nere, tre metri al di sotto del piano attuale. Da piazza S. Giovanni si passa in Piazza del Giglio, dove si trova il teatro omonimo, opera del *Lazzarini,* neoclassico. Nella piazza sono pure un pregevole monumento a Garibaldi e due bei palazzi: il **Paoli**, oggi albergo, e **l'Arnolfini**.

Il teatro del Giglio ebbe grande rinomanza all'inizio dell'800, quando si contendeva con il San Carlo di Napoli e addirittura con la Scala di Milano il privilegio di presentare le principali novità.

Fonte Battesimale

Teatro del Giglio

PALAZZO DUCALE

Da piazza del Giglio verrà spontaneo "sconfinare" a sinistra verso piazza Napoleone, detta anche Piazza Grande, su cui si affaccia il bellissimo **Palazzo Ducale**, detto anche Palazzo della Signoria (al tempo della Repubblica) o semplicemente Palazzo Pubblico, oggi sede della Provincia. La sua storia è abbastanza tormentata, in quanto sorge su parte dell'area occupata dalla fortezza Augusta (di cui si è parlato nel capitolo sulle mura) voluta da Castruccio Castracani nel 1322. Alla sua morte, però, i dominatori stranieri vi si insediarono e fu appunto questo particolare che fece identificare ai lucchesi la mole con il simbolo della schiavitù per cui, appena poterono, l'abbatterono a furor di popolo, lasciando salvo soltanto il palazzo signorile che vi era compreso ed in cui si insediarono gli Anziani della Repubblica, che abbandonarono la primitiva sede di piazza San Michele. Era qui che si riuniva il Consiglio Maggiore e viveva il Gonfaloniere.

Ed era anche qui che aveva sede l'arsenale (detto la Tersenaia), il "ministero delle finanze" del tempo (detto "l'Offizio sopra l'entrata") con la relativa Gabella Maggiore, ossia la dogana che consentiva di raccogliere i più cospicui introiti per lo Stato, e l'archivio segreto (detto la Tarpea).

Cerchiamo di ricostruire la complessa storia del palazzo. Si sa che alla metà del 500, a sud esistevano tre edifici, ben distinti.

Ma un'esplosione disastrosa della polveriera della Torre di Palazzo, causata dalla caduta di un fulmine nell'agosto del 1576, provocò gravi danni a tutta la costruzione.

Anziché restaurarla, i lucchesi decisero piuttosto di costruire ex novo una sede per il loro governo, e così affidarono il progetto a Bartolomeo Ammannati che pensò bene di realizzarlo corredandolo persino di un modellino in legno, perché fosse più evidente l'armonia dell'insieme.

Su progetto e modellino si discusse a lungo, ma alla fine si decise di dare via libera alla realizzazione, anche se la maestosità dell'opera apparve fin da quei tempi forse eccessiva per una città che, in fondo, non aveva grande vita politica.

L' Ammannati iniziò così a seguire l'opera di costruzione e del suo progetto rimangono oggi la parte sinistra della facciata, l'ala a nord sul cortile degli Svizzeri (in cui vivevano le guardie al servizio della Repubblica) e la loggia, fino al portone principale.

Mentre la prima, con tre aperture intervallate da finestre, è decorata e abbellita da uno splendido soffitto a cassettoni e dal pavimento in cotto, il portone è bugnato, così come i pilastri del porticato sui lati nord ed est del cortile degli Svizzeri.

Da notare che l'andito del portone molto probabilmente doveva

Palazzo Ducale - Cortile degli Svizzeri

costituire la base della Torre di Palazzo che invece, per difficoltà finanziarie, non fu poi edificata. E non fu solo questo lavoro ad essere sospeso: poiché si doveva pensare a fortificare la città, si diede il ben servito all'Ammannati e si lasciò incompleto l'edificio.

Si doveva arrivare all'inizio del XVIII secolo, prima di riporre mano all'opera.

Fu affidato l'incarico allo Juvarra che, a distanza di una ventina d'anni l'uno dall'altro, presentò due progetti: il primo, forse troppo ambizioso e dispendioso, venne accantonato; il secondo, invece, fu accettato e in breve avviato a realizzazione.

Si completò così la facciata e si costruì l'ala a nord con l'ingresso monumentale, e si restaurò il secondo cortile poiché si era danneggiato pericolosamente.

Ma era destino che neppure lo Juvarra potesse completare l'opera, e così il palazzo rimase ancora senza il lato occidentale.

La terza "ondata" di lavori arrivò ai tempi di Elisa Bonaparte (con la realizzazione della piazza che prese il nome del fratello, ricavata abbattendo numerosi edifici) e poi con Maria Luisa di Borbone. Fu essa infatti ad affidare all'architetto Lorenzo Nottolini l'incarico di proseguire i lavori. E si rimise mano ancora a quanto già esisteva per creare un collegamento, detto di Passaggio delle Carrozze, fra i due cortili.

Fu anche abbattuto lo scalone cinquecentesco e sostituito dalla "Scala Regia" che finiva nella "Galleria delle Statue". Anche il piano nobile fu modificato e diviso in tre parti.

La prima era costituita dal "Quartiere di parata" (con anticamera, sale di riunione e il gabinetto particolare del Sovrano); le altre due degli appartamenti rispettivamente del Re e della Regina. Ovviamente, i decori costituiti da affreschi, stucchi e bassorilievi furono sontuosi, e così pure mobili e suppellettili.

Tutte quelle belle cose, però, sono oggi andate disperse, giacché nel momento in cui Lucca fu annessa al Regno d'Italia insieme con la Toscana, palazzo e contenuto divennero patrimonio della Corona e finì qua e là nelle case reali sparse in Italia.

Nella visita così sarà possibile ammirare... tutto ciò che non era spostabile, ossia lo splendido scalone Regio, la galleria delle Statue, la Loggia, la sala degli Svizzeri, e poco altro.

Completata la visita di questo splendido palazzo, l'itinerario turistico della città potrà proseguire (uscendo dal cortile degli Svizzeri) verso la chiesa di San Romano, consacrata nel 1281.

CHIESA DI SAN ROMANO

A croce latina ed unica navata con ampi finestroni centinati, fu costruita in pietra nella seconda metà del sec. XIII.

Nel 1373, utilizzando mattoni provenienti dalla distruzione dell'Augusta, si procedette a un generale rialzamento della fabbrica e all'ampliamento della parte absidale, ricostruita a cinque cappelle affiancate. L'interno fu completamente trasformato nel 1661 secondo il gusto dell'epoca. Fin da tempi remoti un cavalcavia unì la chiesa di S. Romano al vicino Palazzo Pubblico.

Nell'annesso convento risiedettero dal 1281 i Domenicani, che ebbero notevole importanza nella vita culturale e religiosa della Repubblica.

Su quello che fu un tempo il lato est del chiostro sono visibili, per quanto in stato di grave incuria, due trifore e la porta dell'Aula Capitolare.

Qui si trovano ammassate, in attesa di una definitiva sistemazione, numerose lastre tombali a rilievo dei sec. XIV e XV provenienti dal pavimento della chiesa, fra le quali quelle di sette cavalieri teutonici che furono Connestabili della Augusta e quella di Capoana Donoratico, moglie del dantesco conte Ugolino.

Lasciata Piazza S. Romano, si segue Via Burlamacchi, abbandonandola subito dopo aver attraversato Via Vittorio Emanuele, per entrare a destra in Piazza S. Alessandro.

Chiesa di Sant'Alessandro

CHIESA DI SANT'ALESSANDRO

Costruita intorno alla metà del sec. XI, S. Alessandro è l'unica chiesa lucchese di quest'epoca che non abbia subito sostanziali trasformazioni e rimaneggiamenti: sono più tarde solo la decorazione del coronamento dell'abside, ed archetti pensili di tipo lombardo (sec. XII) e l'edicola sovrapposta nel 400 al portale sul fianco.

Di eccezionale interesse, l'edificio è l'esemplare più integro e perfetto rimastoci del primitivo romanico lucchese, che ebbe spirito e caratteri profondamente diversi e autonomi rispetto alle correnti lombarda e pisana.

Quasi del tutto priva di ornamentazione, la chiesa affida la sua composta bellezza ai puri elementi architettonici, svolti con essenzialità e coerenza esemplari: si notino il candido paramento listato da fasce di un tenuissimo grigio, la semplicissima decorazione delle finestrelle, il classico portale.

La parte superiore della facciata appare manomessa: le quattro basi di colonnette sulla cornice orizzontale indicano una soluzione con loggetta architravata simile a quella della coeva facciata di S. Frediano.

Lo stesso spirito rivela l'interno, anch'esso armoniosamente semplice e nudo.

I colonnati sono interrotti da due coppie di pilastri, delimitanti in origine il recinto corale. Unico lineare elemento decorativo le due cornici sul muro della navata centrale, una delle quali si arresta all'inizio del presbiterio. Eccezionalmente belli i capitelli romanici. Molte delle colonne e alcuni capitelli provengono da edifici romani.

Tornati in Via Burlamacchi, la seguiamo fino all'incrocio con Via S. Paolino, quindi, voltando a sinistra, ci troviamo dopo pochi passi davanti alla bella e chiara facciata della chiesa di S. Paolino.

CHIESA DI SAN PAOLINO

Della prima metà del '500, fu costruita da Baccio da Montelupo e dedicata al primo vescovo di Lucca. Ha pianta a croce latina (le navate laterali sono però poco profonde) e custodisce numerosi dipinti e sculture in legno, oltre ad affreschi che narrano la leggenda di San Paolino, rispettivamente del Certosino e di Filippo Gherardi, artista lucchese, del XVII secolo. A destra, il primo altare è dedicato alla Trinità ed è del Riccio; il secondo invece custodisce la «Madonna con Bambino e Santi», dell'Ardenti; il terzo, di legno, è del Quattrocento e fu realizzato da Francesco Valdambrino; il quarto narra il Miracolo di San Teodoro, ed è del Testa. Oltre il transetto vi è un Crocifisso di legno del Trecento e a lato un «Seppellimento di San Paolino» di Paolo di Lazzarino da Lucca. Altra opera lignea di pregio, l'Angelo, custodito in una

nicchia e risalente pure al Trecento. L'altare maggiore è del Cinquecento. Alle sue spalle un sarcofago paleocristiano. A sinistra, in una nicchia, un legno del Certosino raffigurante il Santo; nella cappella a sinistra una Incoronazione di Maria e di fronte una Madonna con Bambino e Santi, rispettivamente del XV e del XVI secolo. Il primo altare è arricchito da una Decapitazione di Valerio, del Guidotti, ed il secondo di una terracotta tedesca di Madonna con Bambino.

Da segnalare anche una Pietà, del Lombardi, al quarto altare e alcune opere custodite in Sagrestia, dello Zacchia.

Lungo la strada, a tre metri di profondità, è stata ritrovata la lastricatura romana del decumano. Oltrepassata la chiesa si volta a destra per Via Galli Tassi, dove sorge il palazzo Mansi, detto «a S. Pellegrino» dal nome della chiesa che ha di fronte.

Chiesa di San Paolino

PALAZZO MANSI

Il palazzo, costruito alla fine del '500 o all'inizio del secolo successivo, ha un profondo atrio d'ingresso che dà direttamente sul cortile. Mentre il piano terreno è occupato da sale riservate ad attività pubblica, il piano nobile, al quale si accede attraverso un bellissimo scalone, presenta sale sfarzose con arredi del XVII e XVIII secolo, salotti con arazzi di Bruxelles e, veramente stupefacente, quella che viene chiamata la «camera degli sposi», tutta racchiusa in una cornice dorata barocca costituita dall'arco che la separa dal resto del locale. Ornata di sete, stucchi, legni intagliati, è qualcosa di indescrivibile per ricchezza di decori e splendida conservazione. Il palazzo è passato di recente in proprietà dello Stato. Nelle sale che contenevano un tempo l'importante quadreria Mansi, andata purtroppo dispersa, è oggi sistemata la *Pinacoteca Nazionale*. La parte maggiore di essa è costituita dalla munifica donazione che il *Granduca Leopoldo II di Toscana* fece nel 1847 alla città appena annessa al suo stato, per compensarla delle alienazioni e asportazioni operate da Carlo Ludovico di Borbone.

I quadri facenti parte della donazione, resa esecutiva nel 1861, provengono dal *Guardaroba Mediceo* e appartengono ai sec. XVI e XVII. Fra i molti di notevole valore, per i quali rimandiamo al ca-

Palazzo Mansi - Camera degli Sposi

talogo, segnaliamo in particolare il bellissimo «Ritratto di giovinetto» del *Pontormo* (1525 c.) e la tavola con *«la continenza di Scipione»* - era in origine lo specchio di un cassone nuziale - dipinta da *Domenico Beccafumi* nei primi decenni del '500.

Usciti da Palazzo Mansi, per la Via S. Paolino, si giunge in Piazza Cittadella dove è stato collocato il monumento al compositore *Giacomo Puccini*, la cui casa natale si trova nell'adiacente Via di Poggio.

Al termine di detta via si vede la facciata della Chiesa di S. Michele.

Ritratto di Giovinetto (Pontormo - 1525 ca.)

PIAZZA SAN MICHELE

Posta sull'area dell'antico foro romano, la bella piazza è rimasta nei secoli sempre il centro della città. Un monumento a *Francesco Burlamacchi,* di Ulisse Cambi, vi fu posto nel secolo scorso, mentre nel '700 ne era stata rifatta la pavimentazione, con delimitazione degli spazi con colonnine e catene. Prima di entrare in chiesa, ammirare il bel fanale di ferro battuto degli inizi del secolo XVI e il Palazzo Pretorio, già del Podestà, costruito alla fine del XV secolo, con gradevole loggia realizzata in due tempi, nel 1492, su disegno, sembra, di *Matteo Civitali* (secondo alcuni del figlio Nicolao) e nel 1589 da *Vincenzo Civitale.* Interessante anche il palazzo del Decanato, unito al transetto della chiesa da una sorta di cavalcavia, e attribuito a *Francesco Marti,* che lo costruì nel 1500 su un precedente edificio che era stato il palazzo degli Anziani.

Pregevoli case del 1200 e del 1300 su di un lato e il palazzo Baldassarri.

Si entri quindi nella chiesa, che è detta anche di *San Michele ad Foro o in Foro,* appunto per l'originaria destinazione dello slargo della piazza. Costruita in più epoche, conserva pochi particolari dell'edificio originario e denuncia subito i periodi in cui fu rimaneggiata: la facciata è romanica nella

Piazza San Michele - Palazzo Pretorio

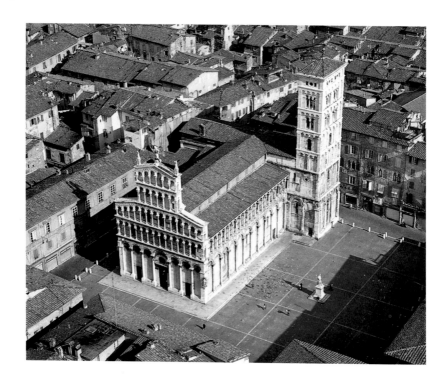

parte inferiore e gotica in quella superiore; il campanile è del XII secolo, finito però nell'Ottocento. L'alta facciata è tutta in calcare bianco, con la statua di San Michele, di epoca romanica, che domina dall'alto. Particolarmente suggestivo il decoro: le splendide colonnine, che hanno subito un restauro radicale nel secolo scorso (alcune furono sostituite e portate al museo nazionale di Villa Guinigi) sono sormontate, nel secondo ordine dal basso, da ritratti di uomini del tempo, da Garibaldi a Vittorio Emanuele, e via dicendo. Nelle fiancate, arcate cieche e capitelli con mensole e cornici particolarmente interessanti.

All'interno, romanico e a tre navate, mille tesori da ammirare. Da destra: sulla parte interna della facciata, un'affresco del XIII sec. raffigurante una «Madonna con Bambino» recentemente portato alla luce; poco oltre, nell'angolo, la Madonna di *Matteo Civitali*, un tempo collocata sull'angolo esterno della chiesa ed ora sostituita da una copia; al primo altare una «Madonna delle grazie» in terracotta invetriata, attribuita ad *Andrea della Robbia*, poi, sulla parete, un «Martirio di Sant'Andrea» di *Pietro Paolini* (Lucca 1435-1525). Nel transetto, all'altezza dell'altare maggiore, Crocifisso del XII secolo di scuola lucchese, qui spostato dal centro della chiesa, dove si trovava in origine, appeso all'inizio del Presbiterio. A destra, tavola con figure di Santi di *Filippino Lippi* e altorilievo di Madonna con Bambino che sembra sia costituito da un frammento di un monumento funebre disperso, e risalente al 1522, di *Raffaello da Montelupo*. Nel basamento dell'abside di S. Michele, all'esterno, si vedono tre finestre tabernacolari, ornate di fregi che la tecnica molto schiacciata fa datare ad epoca preromanica.

Si tratta evidentemente delle luci dell'antica cripta, che vennero

Chiesa di San Michele - Particolare della facciata

utilizzate nella ricostruzione della chiesa.

Osserviamo a questo proposito che l'esistenza di una cripta è evidente o almeno attestata in origine in tutte le principali chiese lucchesi. Esse andarono distrutte nel corso del rifacimento degli edifici o vennero interrate in seguito a mutamenti liturgici.

Questi portarono anche alla distruzione degli antichi recinti corali che racchiudevano parte della navata centrale (se ne conservano alcuni bellissimi frammenti nel Museo di Villa Guinigi).

Madonna delle Grazie (Andrea della Robbia)

Crocifisso di Scuola Lucchese (Sec. XII)
Quattro Santi (Filippino Lippi)

VIA FILLUNGO

Intorno a S.Michele alcune zone conservano strutture medioevali quasi inalterate: per es. *Corte del Pesce*, nel settore a sud della chiesa o, dietro l'abside, via S.Lucia con l'annessa Corte Pini. Particolarmente suggestivo il Chiasso Barletti, che da Via S.Lucia ci conduce in Via Fillungo, con le caratteristiche botteghe a T, il prospetto irregolare delle case e i tetti che in un punto quasi si toccano.

Allo sbocco del Chiasso sorge la *Tor dell'Ore*, detta in antico Torre della Lite, l'unica rimasta delle numerosissime esistenti a Lucca nel medioevo. Ne sono state identificate o almeno documentate circa centotrenta, ma sembra che fossero in numero ancora maggiore.

Gli statuti del comune posero un limite alla loro altezza, sia in seguito ad alcuni crolli disastrosi, sia soprattutto nel tentativo di frenare le ambizioni e le lotte di potere tra le famiglie e le consorterie. Molte di esse furono abbattute con la proscrizione dei loro proprietari, soprattutto al tempo di Castruccio, che ne utilizzò i materiali per la costruzione dell'Augusta.

Torre delle Ore

La Torre dell'Ore deve forse la sua sopravvivenza al fatto che ospitò fin da tempi assai antichi un pubblico orologio.

Seguendo verso destra Via Fillungo, che è la più frequentata e una delle più caratteristiche strade cittadine, si giunge a un breve slargo dove sorge S. Cristoforo.

CHIESA DI
SAN CRISTOFORO

Del XII e XIII secolo, è divisa all'interno in tre navate da due file di pilastri a sezione rettangolare e da quattro colonne che sorreggono un arco di maggiori proporzioni. Sul primo pilastro di destra, interessante un affresco trecentesco con Madonna, ai cui piedi vi è una lapide che ricorda due figli perduti in giovane età dall'artista *Matteo Civitali*, che è pure sepolto all'interno della chiesa. La chiesa di San Cristoforo ha particolare importanza per la storia della città, giacché, al suo interno, nel secolo XIII, ebbe sede *l'Università dei Mercanti*.

A fianco della porta maggiore ancor oggi si possono notare le due sbarre di ferro poste dai Consoli perché servissero quale «misura» per i pettini dei telai lucchesi. All'interno, nel '400, vi erano numerosi decori poi rimossi.

Proseguendo oltre la chiesa, all'incrocio con Via Santa Croce, che conserva l'antico nome di «Canto d'arco» , ci si presenta di spigolo il *palazzo Cenami*, costruito intono al 1530.

Nelle due facciate unite ad angolo acuto spicca il robusto disegno degli elementi architettonici, insolitamente esteso e complesso al

Chiesa di S. Giusto

piano terreno. Inconsueto per Lucca è il forte basamento tutto in pietra con la cornice a toro, le raggere di conci delle finestre della cantine e le larghe panche di via, notevolmente rialzate rispetto al piano stradale. Il palazzo ha un bel cortile rettangolare, con loggiato sui quattro lati.

Seguendo Via Cenami si giunge in Piazza S. Giusto purtroppo deturpata, insieme all'adiacente Via Beccheria, da un'ignobile costruzione sorta sull'area di un intero isolato antico, sconsideratamente abbattuto in tempi recenti. L'edificio che i lucchesi battezzarono subito «palazzaccio», opprime con la sua informe mole la piccola squisita facciata romanica di S. Giusto, ornata nella porta maggiore da un grande architrave scolpito a fregio di pino (sec. XII-XIII).

Sul lato sud di Piazza S. Giusto, approssimativamente sull'area occupata un tempo dalla residenza dei duchi longobardi, si trova il *Palazzo Gigli*. Costruito agli inizi del 500, è il più antico esempio in Lucca di palazzo a cortile centrale con loggiato e su di esso si modellarono numerosi altri edifici dell'epoca. La raffinata eleganza delle sculture ornamentali, soprattutto nel portale, inducono ad attribuirlo a *Nicolao Civitali*. Sulla vicina Piazza S. Giovanni prospetta l'alto muro del giardino, con un bel portale e finestre di ordine rustico.

Prendendo ora a sinistra per Via del *Battistero* - assai nota per le numerose botteghe di antiquari che vi si aprono - la seguiamo fino al trecentesco portale del Batti-

stero (già ricordato con la chiesa di S. Giovanni cui è annesso). Qui voltiamo a sinistra per la medievale Via del Gallo e arriviamo in Piazza Bernardini, davanti al palazzo omonimo. La parte centrale del palazzo, distinta dalla presenza delle panche di via, fu costruita tra il 1517 e il 1523 e aveva originariamente al primo piano finestre bifore.

L'ampliamento sui due lati fu eseguito nel sec. XVIII, rispettando però il disegno della parte più antica. Anche l'apertura della piazza risale a quest'epoca. Oltre agli antichi fanali, il palazzo ha conservato nel portone la bellissima rosta in ferro battuto e due stupendi battenti con teste di moro.

Nella prima finestra a destra del portone si vede la cosìddetta *«pietra del miracolo»*: uno degli stipiti si è singolarmente incurvato come se fosse di legno.

Secondo la credenza popolare la pietra si rifiuterebbe di aderire al muro perché in antico si trovava in quel luogo un'immagine sacra, abbattuta per costruire il palazzo. Un altro notevole edificio cinquecentesco è il *palazzo Balbani*, sul lato opposto della piazza.

Uscendo da Piazza Bernardini dal lato est, si volta subito a sinistra per Via S. Anastasio. Qui si trova in corrispondenza con Piazza del Suffragio, *l'Oratorio di S. Giulia*, con una facciata in marmo del sec. XIV. Più antica è la parte absidale in mattoni, che dà sul caratteristico Vicolo dell'Altopascio. Nel ramo del vicolo che sbocca a destra su Via S. Croce sono ancora visibili i resti della *Magione dei Cavalieri dell'Altopa-*

scio, detti anche, dal loro simbolo, Cavalieri del Tau. L'ordine, il più antico forse fra gli ordini religioso-militari, essendo stato fondato nel sec. X, aveva per fine l'assistenza dei pellegrini e quindi la manutenzione e la sicurezza delle strade. Ebbe la massima fioritura nei sec. XII e XIII, quando le sue sedi erano sparse per tutta l'Europa. Proseguendo per Via S. Anastasio si raggiunge in breve la graziosa chiesetta omonima, piccola costruzione romanica tutta in mattone rosso, ravvivato da liste e conci di calcare bianco.

Nell'interno, rifatto con volta a botte nel sec. XVI, si vede sulla parete sinistra una grande tela raffigurante la *Circoncisione*, notevole opera firmata e datata da *Jacopo Ligozzi* (1594). Seguendo il fianco della chiesa e piegando quindi a sinistra giungiamo infine in Via S. Andrea, ai piedi della celebre torre alberata di Palazzo Guinigi.

Torre Guinigi

PALAZZO GUINIGI

Costruito alla fine del sec. XIV, il palazzo è l'ultima aulica rielaborazione della tradizionale casa lucchese romanico-gotica.

Interamente in mattoni, come la torre, presenta al piano terra arcate su pilastri in pietra, originariamente aperte.

Ai piani superiori ampie trifore e quadrifore, con archetti trilobi su esili colonnine, danno luce agli ambienti, alleggerendo la compattezza della muratura. Con l'estinzione della famiglia Guinigi, il palazzo è passato di recente in proprietà del Comune: è augurabile quindi che venga presto completamente ripristinato.

La torre è aperta al pubblico.

Di fronte al palazzo, sulla Via Guinigi, ne sorge un altro assai simile, appartenente in origine alla stessa famiglia e affiancato anch'esso da una torre di cui si vedono i resti nell'angolo a destra. I due palazzi, con la loggetta oggi chiusa sull'angolo di Via S. Andrea, il muro in mattoni del giardino traboccante di verde e la facciata in pietra grigia della prossima chiesa dei SS. *Simone e Giuda* (sec. XIII), formano uno degli angoli più suggestivi e meglio conservati della città.

Da Via Guinigi si passa in Via dell'Angelo Custode che ci conduce, verso destra, nella piazza in cui sorge la *Chiesa di S. Maria Forisportam*, cosiddetta perchè si trovava, in antico, fuori dal perimetro delle mura romane. Oggi è più nota con il nome di *S. Maria Bianca*.

Costruita tra la fine del sec. XII e il principio del XIII, la chiesa ripete nella facciata lo schema pisa-

Torre e Palazzo Guinigi

no degli ordini di loggette sovrapposti, con in basso arcate cieche che proseguono unitariamente nei fianchi, nei transetti e nell'abside. Il candido parametro marmoreo, che è tipico del romanico lucchese, la riconduce tuttavia alla tradizione locale.

I tre portali della facciata sono riccamente scolpiti negli architravi, nelle mensole e nelle cornici con motivi di ispirazione classica: particolarmente notevole l'architrave di sinistra, con un leone ed un grifo affrontati.

La chiesa si presenta priva di basamento perchè è rimasta interrata di circa un metro e mezzo dall'epoca in cui fu costruita.

L'interno a tre navate è romanico, ma la nave maggiore ed il transetto vennero rialzati con muri in mattoni e coperti con volte nel sec. XVI.

In questo periodo fu disfatta la cripta, estesa a tutto il transetto, di cui si vedono ancora le finestrelle nel basamento dell'abside. Dell'antico recinto presbiteriale è rimasta una formella scolpita ed intarsiata in marmo verde oggi al Museo Nazionale.

La colonna romana di granito che sorge isolata in mezzo alla piazza, indicava il termine del Palio che si correva in occasione di feste fino a tutto il 700.

Chiesa di S. Maria Forisportam

S. MARIA DELLA ROSA

Lasciamo la piazza proseguendo verso sud per Via della Rosa, in fondo alla quale, vicino alle mura, si trova la piccola chiesa di S. *Maria della Rosa*. Le due bifore e la porta, datate 1309, erano in origine la facciata di un oratorio che venne poi incorporato nella chiesa, costruita con nuovo orientamento nel 1333. Il fianco verso la strada, oltre alle due bifore, presenta quattro quadrifore incluse in grandi arcate a tutto sesto. Anche qui, come altrove a Lucca, il gusto gotico si esprime essenzialmente in motivi decorativi. La facciata, rimasta priva del rivestimento marmoreo, è ornata da un portale della scuola di *Matteo Civitali*.

L'interno, diviso in tre navate da eleganti colonne, è del sec. XV. Sul lato sinistro è visibile un tratto delle mura romane (ll sec. a.C.). Tornando un poco indietro si prende a destra per *Via del Giar-*dino Botanico. Il quartiere che sorge a sud della strada fu edificato ex novo nel sec. XVI, in seguito all'inclusione dell'area nella nuova cinta di mura. Si tratta in genere di un'edilizia minore seppure dignitosa, ma non vi manca qualche edificio notevole, come il Palazzo Poggi, sull'angolo con Via della Rosa. Vicina a questo è la villa urbana degli *Arnolfini*, con cortile porticato antistante la facciata chiuso verso l'esterno da un muro con finestre. In fondo alla strada è l'ingresso del Giardino Botanico, istituito nel 1820 dalla duchessa *Maria Luisa di Borbone*. Con le sue piante ormai secolari, il laghetto e la montagnola artificiale, il giardino ha il nobile aspetto del parco di una villa. Nel suo recinto è l'accesso ai sotterranei dell'adiacente *Baluardo di S. Regolo*.

Chiesa di S. Maria della Rosa

65

VIA DEI FOSSI

Cosiddetta per il fosso che le corre nel centro e la divide per tutta la sua lunghezza, la strada è una delle piú suggestive della città. Per due terzi, dal Giardino Botanico alla Madonna dello Stellario, segue all'esterno il tracciato delle mura medievali, delle quali è rimasta una grandiosa porta, intitolata ai *Ss. Gervasio e Protasio*, ma comunemente nota come *Portone dell'Annunziata*. In pietra grigia arenaria listata di calcare bianco e decorata un tempo da sculture oggi disperse, è fiancheggiata da due torrioni semicircolari, di cui è andata perduta

con una scalinata direttamente dal giardino e un piano di soffitte coronato da una loggia belvedere, originariamente aperta da parte a parte. Particolarmente bella è la parte tergale, aperta con una grande loggia verso il giardino. In fondo a questo, in asse con la villa, si trova lo stupendo portale di ingresso al ninfeo, formato da quattro coppie di colonne e sormontato da una balaustra con due statue di *Fiumi*. Sempre in asse con la villa, e quindi inserita nel disegno generale del giardino, è la chiesa della *Santissima Trinità*, costruita nel 1589 davanti all'ingresso su Via Elisa. La loggia e le sale del piano nobile della villa furono affrescate con soggetti mitologici ed allegorici da *Ventura Salimbeni*, subito dopo la sua partenza da Roma nel 1593. Riquadrature illusionistiche inseriscono armoniosamente le composizioni nel disegno architettonico, mentre la grazia serena e la vivacità cromatica delle pitture danno vita alla luminosità degli ambienti. Negli altri muri che racchiudono il giardino si aprono su Via dei Fossi, Via Elisa, Via S. Chiara portali e finestre di gusto Ammannatesco. La villa, divenuta proprietà di enti pubblici, è stata di recente perfettamente restaurata. Lasciata la Villa Buonvisi andiamo avanti lungo Via dei Fossi fino alla colonna della *Madonna dello Stellario*, eretta nel 1687 da *Giovanni Lazzoni*. Nel basamento è scolpita una veduta di Lucca, assai interessante perché riproduce la Porta S. Donato con la strada sopraelevata che valica il fossato, il ponte levatoio e le mezzelune davanti ai baluardi, che appaiono già coronati da una folta alberatura.
Un cartiglio reca l'iscrizione "Vere libera serva nos liberos".

la merlatura originale. Addossata al torrione sud è la chiesetta di S. Maria Annunziata o *"dell'Alba"*, con un grazioso portico rinascimentale. Sul ponte davanti alla porta si vede una piccola fontana neoclassica costruita insieme ad alcune altre quando Lorenzo Nottolini portò a compimento il nuovo acquedotto di Maria Luisa, che adduce in città le acque dei monti pisani. Proseguendo lungo la Via dei Fossi, vediamo sulla destra il muro del giardino di *Villa Buonvisi*, il cui ingresso principale si apre però verso sud, sulla Via Elisa. Di grande nobiltà e schiettezza di forme, l'edificio cinquecentesco è l'esempio su cui si modellarono varie altre ville lucchesi dell'epoca. Ha un seminterrato dove sono sistemati i servizi, un piano nobile rialzato cui si accede

Villa Buonvisi poi Bottini

CHIESA DI
SAN FRANCESCO

Voltando a destra nella piazza, ci troviamo di fronte a S. Francesco. La chiesa, ricostruita e notevolmente ampliata nel sec. XIV, ha in facciata due arcate cieche e portale centrale strombato, ai lati del quale si trovano due arche, una del 1249, l'altra del secolo successivo. La metà superiore della facciata è recente (e si vede).

Lungo il fianco nord della chiesa si trovano i chiostri con alcune tombe medioevali e la sacrestia duecentesca, con un pilastro centrale che sorregge le volte.

Nell'interno ad unica navata con tre cappelle absidali, si vede tra il secondo ed il terzo altare di destra il monumento funebre del vescovo, poeta e umanista, *Giovanni Guidiccioni* (1500-1541), opera assai bella ed interessante, di attribuzione ancora incerta. Il terzo altare fu eretto dall'università dei Tessitori dopo il gravissimo tumulto degli straccioni (1531), che nacque in questo quartiere abitato prevalentemente da artigiani (nei laboratori veniva usata come forza motrice la corrente del fosso). Si noti nel basamento delle colonne il *"Torsello"* (balla di seta greggia) che era il simbolo della corporazione e, in alto, la dedica: *"Divo Francisco paupertatis amanti depauperata textorum Universitas dicavit"*. Più oltre, sul muro, è una lapide cinquecentesca in memoria di Castruccio Castracani degli Antelminelli.

Presso la cappella di destra si vedono in alto i frammenti del disfatto monumento di *Nino Visconti, Giudice di Gallura*, ricordato da *Dante* nel canto VIII del Purgatorio. Gli affreschi che ornavano la cappella sono andati in gran parte perduti: fra quelli rimasti, bellissimo e assai ben conservato quello di destra (*Presentazione al Tempio e Sposalizio di Maria*), opera di un artista fiorentino del sec. XV, finora non identificato con sicurezza. Gli scanni corali ed il leggio della cappella maggiore furono eseguiti anch'essi nel sec. XV da *Leonardo Marti*.

Fra il secondo e il terzo altare di sinistra sono le tombe dei musicisti lucchesi *Luigi Boccherini* (1743-1805) e *Francesco Geminiani* (1687-1762).

VILLA GUINIGI

Di contro al fianco sud della chiesa sorge la Villa Guinigi, la bella dimora che Paolo Guinigi, Signore di Lucca, si fece costruire nei primi decenni del '400, poco oltre la cinta delle mura medievali (si chiamava infatti *"palazzo dei Borghi"*, in contrapposizione a quello di città). "Nobile palagio con un bellissimo giardino" lo definisce *Giovanni Sercambi* nelle sue *"Croniche"* e osserva che per costruirlo si erano spesi in un decennio 36.000 fiorini e che ne sarebbero occorsi altri 40.000 per portarlo a compimento. Il Sercambi descrive anche la festa notturna che vi si svolse il 7 Agosto 1420, in occasione delle nozze di Paolo.

Alla caduta del Guinigi (1430) la villa venne confiscata e le preziose suppellettili che principescamente l'arredavano andarono disperse. Il magnifico giardino fu in seguito alienato e venne distrutto, mentre il palazzo, per quanto sempre piú degradato nel corso dei secoli, mantenne sostanzialmente le sue strutture. Oggi, completamente restaurato, è divenuto la sede del *Museo Nazionale*.

Numerosi sono i nomi di architetti, soprattutto settentrionali, che risultano aver percepito pagamenti per lavori fatti nel palazzo, ma nessuno di essi è specificamente indicato con funzioni direttive. Il palazzo comunque si richiama sostanzialmente alla tradizione edilizia romanico-gotica lucchese: si notino il corpo allungato con due sole facciate (i lati corti sono coronati da merlatura); il tetto a capanna con muro di spina non centrale; le trifore con archetti trilobi su esili colonnine, incluse in arcate a tutto sesto (assai simili a quelle dei palazzi Guinigi di città).

Tipico dell'edilizia lucchese dei secoli precedenti è poi il vivo incontro di colore fra il bianco delle colonnine, la pietra grigia dei pilastri ed il rosso dei mattoni. Non manca tuttavia qualche segno del mutare dei tempi e del gusto: la stessa mole dell'edificio, fino ad allora inusitata per una villa, la liscia compattezza della muratura dove non compaiono più i tradizionali pilastri in pietra collegati da archi; la serie ininterrotta delle trifore sulla facciata principale che arieggiano quasi un loggiato, l'ariosa ampiezza del doppio loggiato centrale (otto arcate sulla fronte e sette sul tergo).

L'amplissimo giardino, di cui si conoscono esattamente i confini e la conformazione (una traccia dei viali è riscontrabile nella rete viaria della zona), era cinto da un alto muro merlato: ne resta un tratto, collegato col fianco occidentale della villa, in cui si apre un grande portone sormontato in origine dallo stemma Guinigi.

Tarsia in legno (Cristoforo Canozzi da Lendinara)

MUSEO NAZIONALE

Il museo è stato modernamente ordinato secondo criteri organici e razionali, evitando che un eccessivo affollamento di opere impedisse al visitatore di godere appieno l'architettura della splendida villa. Quanto è qui raccolto proviene da edifici della città e dei dintorni: rappresenta quindi una testimonianza di quanto crearono in un millennio maestri e artefici lucchesi o che a Lucca per un tempo più o meno lungo lavorarono e risiedettero. La ricchezza della raccolta ci impedisce ovviamente di darne una descrizione dettagliata. Ci limiteremo ad alcune sommarie indicazioni, rimandando il visitatore al catalogo del Museo. Nel giardino antistante, sul fondo di una vasca, è un mosaico romano (un Tritone con una Nereide) di buona epoca imperiale (I sec. d.C.).
Nel giardino ovest, oltre l'arco di ingresso, è ricomposto un tratto di mura romane in blocchi di tufo.
Nella loggia nord sono collocati colonne, capitelli e imposte d'arco provenienti dalla facciata di S. Michele (sec. XIII). Nelle due sale a sinistra sono raccolti frammenti di epoca romana e reperti archeologici, fra i quali gli arredi di diverse tombe liguri e di una tomba etrusca. Nella loggia sud si noti la lastra di tomba terragna di *Balduccio Parghia degli Antelminelli* (1423) che, per quanto molto abrasa, rivela la mano di *Jacopo della Quercia*. L'altra lastra, di *Caterina degli Antelminelli*, è assegnata alla scuola di Jacopo. Le campane in bronzo qui collocate sono tutte firmate e datate (sec. XIII). Nelle tre sale dell'ala ovest sono raccolte sculture romaniche, gotiche e rinascimentali. Di eccezionale interesse i pezzi romanici della sala 3: specchi di amboni

Veduta di una sala con esposizione

e di transenne, capitelli, architravi e statue dal sec. VIII al XIII provenienti da chiese lucchesi distrutte o trasformate. L'altorilievo in marmo con *"Sansone in lotta col leone"*, di un maestro lucchese del sec. XII, era in origine una formella dell'antico recinto corale del Duomo. La Madonna col Bambino della sala 5, bassorilievo in marmo colorato e dorato di squisita fattura, si trovava un tempo nella distrutta *Loggia dei Mercanti* ed è concordemente attribuito a *Matteo Civitali*. Nelle due rimanenti salette del piano terra sono collocati alcuni pezzi ottocenteschi e una serie di pesi e misure della Repubblica di Lucca.

Salite le scale si passa per un vestibolo nel luminoso salone che guarda, attraverso le grandi trifore, la chiesa di S. Francesco. Sono qui

Crocifisso. Tempera su tavola (Sec. XIII) del Berlinghieri

Ritratto dell'Arcivescovo Giovan Domenico Mansi (Sec. XVIII) di Pompeo Batoni

esposti alcuni importanti prodotti dell'arte lignaria, che ebbe a Lucca per secoli notevole sviluppo. Il più antico è un armadio in quercia a due ante scolpite con motivo di tralci d'uva, che forse faceva parte, insieme ad altri tre uguali conservati nei locali dell'opera del Duomo, della ricchissima libreria di Paolo Guinigi. Sono quasi certamente opera dei *"maestri di legname"* *Arduino e Alberto da Baiso*, che

qui lavorarono negli anni 1413-14 (uno studiolo da essi intagliato fu donato dalla Repubblica, nel 1434, dopo la confisca, a *Lionello d'Este* che lo aveva richiesto). Notiamo poi i quattro stalli intarsiati da *Leonardo Marti* tra il 1452 ed il 1457, provenienti dal *"coro grande"* del Duomo. Dal coro del Duomo proviene pure la tarsia col busto di S. Martino eseguita da Matteo Civitali nel 1494. Di singolare interesse sono i dossali degli stalli della Cappella degli Anziani nel Palazzo Pubblico, in cui *Ambrogio e Nicolao Pucci* intarsiarono nel 1529 una serie di vedute della Lucca dell'epoca, ancor oggi quasi tutte facilmente riconoscibili e costruite con singolare sapienza prospettica. Ma la cosa più splendida in questa serie sono le ante d'armadio (dalla sagrestia di S. Martino) eseguite tra il 1484 ed il 1488 da *Cristoforo Canozzi da Lendinara*. La figura di S. Martino Vescovo e soprattutto le quattro stupefacenti vedute-città serrate da mura e irte di torri, tetti e campanili; architetture con ponti loggiati, scalinate su cui sovrastano le colline rivelano chiaramente la conoscenza dell'arte di *Piero della Francesca*, di cui il *Cancezzi* fu amico. Nel salone è esposto anche un bellissimo dipinto senese, una *"Visitazione"*, attribuito a *Giacomo Pacchiarotti* (1474-1539 c.). Si notino anche il medaglione ovale col profilo di Paolo Guinigi, opera di uno scultore del sec. XVI, e la lanterna a piede in ferro battuto (sec. XV), proveniente da un convento.

Nella sala seguente (11) sono di grande importanza tre Crocifissi: uno, della seconda metà del sec. XII, è tra le opere più antiche di scuola lucchese pervenuteci; l'altro, dei primi decenni del sec. XIII, è l'unica opera firmata di *Berlinghiero*, il più importante pittore lucchese dell'epoca. Il terzo Crocifisso, firmato e datato, è del lucchese *Deodato Orlandi* (1288). Nella sala si trovano anche la predella di un polittico perduto di *Ugolino di Nerida Siena* (prima metà del sec. XIV) e due belle tavole *"la Vergine e S. Giovanni Evangelista"* facenti parte di un polittico oggi disperso

Madonna con bambino (Sec. XVI) di Ugolino Lorenzetti

in vari musei, attribuito al maestro convenzionalmente indicato dalla critica come *"Ugolino Lorenzetti"*. La sala 12 contiene dipinti dei sec. XIV e XV, tra i quali un trittico firmato dal lucchese *Angelo Puccinelli* (seconda metà del sec. XIV) e una *"Madonna col Bambino"* di scuola fiamminga del sec. XV. Il tabernacolo a tre edicole in legno intagliato, dorato e in parte dipinto (conteneva in origine tre statuette, oggi esposte nella sala 4) è attribuito a *Priamo della Quercia*, fratello di Jacopo, attivo in Lucchesia nella prima metà del '400. Chiamato popolarmente *"dei pimpinnacoli"* per l'ornata struttura gotica, il tabernacolo servì da modello per l'incorniciatura di molti polittici quattrocenteschi in Lucchesia.

Nella sala 13 si trovano tre opere attribuite al *"Maestro del Tondo Lathrop"*, un pittore lucchese operante agli inizi del '500, la cui personalità è stata laboriosamente delineata dalla critica sulla base del

Tondo Guinigi della Collezione Lathrop. Nel maestro, oltre ad echi del Ghirlandaio, dell'Aspertini e soprattutto di Filippino Lippi, si rivelano anche influssi fiamminghi, ben comprensibili ove si pensi agli stretti rapporti commerciali che univano Lucca alle Fiandre.

Osserviamo a questo proposito che numerosissimi sono, o erano, i dipinti fiamminghi nelle antiche collezioni private lucchesi. A un altro maestro lucchese della stessa epoca e della stessa cultura figura-

Madonna con Bambino tra S.Stefano e S.Girolamo (sec.XI)
«Maestro del tondo Lathrop»

Estasi di Santa Caterina (1773) di Pompeo Batoni

tiva, indicato come il "*Maestro dell'Immacolata Concezione*" è attribuita la tavola che rappresenta appunto l'Immacolata Concezione e l'altra con *l'Incoronazione di Maria*. I due pittori, la cui opera non è stata finora conclusivamente delimitata, sarebbero da identificarsi in *Michele Ciampanti* e *Antonio Corsi*, le due figure preminenti nella pittura lucchese della fine del '400.

Nella sala 13 si trovano pure un bel trittico di scuola tedesca attribuito a *Martin Heemskerk* (1498-1574) e due splendidi altorilievi in legno policromato facenti parte di un'unica grande ancona, eseguita a Siena nella seconda metà del sec. XV: il Vecchietta scolpì la "*Dormizio Virginis*" e, morendo nel 1480, lasciò incompiuta l'opera che venne terminata con la "*Madonna Assunta*" dal suo allievo *Neroccio Landi* (1447-1500). Nella sala 14 si trovano due grandi tele che *Frà Bartolomeo* dipinse nella piena maturità: "*Apparizione dell'Eterno a S. Maria Maddalena e S. Caterina da Siena*" (datata: "Orate pro pictore 1509", una delle opere più belle dell'artista, con uno stupendo paesaggio nello sfondo tra le due sante e la "*Madonna della Misericordia*", firmata: "1515 f. Bartholomeus pictor florentinus". Nella stessa sala sono una "*Madonna in gloria coi santi*" di *Amico Aspertini* (1474-1552) e tre tavole di *Zacchia da Vezzano*, il più importante pittore lucchese della prima metà del '500. Nelle sale seguenti è rappresentata la pittura in Lucca della seconda metà del 500 e dei secoli seguenti, fino al caravaggesco *Pietro Paolini* (1603-1681) e a *Pompeo Batoni*, il grande pittore lucchese del sec. XVIII (1708-1787), di cui sono esposti *l'Estasi di S. Caterina*, *il Martirio di S. Bartolomeo* e il bel ritratto del vescovo *Gian Domenico Mansi* (1765). In queste sale ai dipinti si alternano oggetti d'arte minore, mobili, ferri battuti, stoffe, intarsi e intagli in legno, spesso di notevole valore. Singolare interesse presentano i due forzieri del '500, con complicati congegni e "*segreti*" tuttora perfettamente funzionanti. Ricchissima la serie di paramenti sacri dal XV al XVIII secolo, esposti nelle Sale 16 e 17. In quest'ultima una vetrinetta contiene alcuni rarissimi ornamenti longobardi del sec. Vll, ritrovati in alcune tombe.

Prima di uscire dal giardino della Villa, meritano uno sguardo le quindici statue in terracotta sistemate nella siepe, che costituiscono un tipico esempio di scultura lucchese da giardino del sec. XVIII.

S. PIETRO SOMALDI

Tornati sulla Piazza S.Francesco, si raggiunge di nuovo la Madonna dello Stellario, presso la quale vi è un'altra piccola fontana neoclassica. Di qui si abbraccia con lo sguardo l'intera Via dei Fossi, compreso l'ultimo tratto verso nord, che, pur privo di episodi architettonici salienti, è anch'esso straordinariamente vivo ed animato.

Ai due capi della strada fa da sfondo l'alberatura delle mura. Seguiamo quindi Via della Fratta, al termine della quale si entra, a destra, in Piazza S.Pietro: tipica piazza lucchese dal perimetro irregolare su cui si allineano la facciata romanica della chiesa e i prospetti di case e palazzi del '500, con un giardino e una balconata fiorita.

La chiesa di S.Pietro Somaldi (così chiamata dal nome longobardo del fondatore, Sumuald) fu ricostruita alla fine del sec. XII.

La facciata in grigia pietra arenaria listata di calcare bianco, fu eseguita nel secolo XII, e terminata con gli ordini di loggette sovrapposti forse agli inizi del secolo successivo, insieme alla parte superiore del campanile in mattoni.

Il bell'architrave della porta maggiore, datato 1203 e raffigurante la consegna delle chiavi a S. Pietro, è attribuito a *Guido Bigarelli*. Nell'interno, diviso in tre navate da file di pilastri, sono da notare, al primo altare a destra, una *"Assunzione"* datata e siglata da *Zacchia da Vezzano* (1532) e, al primo altare di sinistra, una tavola con figure di Santi, dubitativamente attribuita a *Raffaellino del Garbo* (1470 c. - 1525 c.). Proseguendo per Via Busdraghi, si raggiunge Via Fillungo in fondo alla quale, a destra, si trova la *Porta di Borgo*. Faceva parte delle mura medievali, come l'altra sulla Via dei Fossi e di cui abbiamo già parlato. Diversamente da questa è a due fornici, una delle quali però tamponata da case di abitazione che si sono sovrapposte nel tempo anche alle strutture della porta. I due torrioni semicircolari che la affiancavano sono ancora visibili dall'esterno, per quanto mozzati di qualche metro. Tornando indietro per Via Fillungo vediamo sulla sinistra, poco dopo l'incrocio con Via Busdraghi, il bel portale Civitalesco del cortile di Palazzo Busdraghi (sec. XVI) con la rosta in ferro battuto e i battenti lignei originali. Poco oltre, sulla detra, è il Palazzo Buonvisi, ricostruito intorno al 1588 dal Cardinale Buonviso ristrutturando e amalgamando edifici preesistenti. La facciata, che segue la leggera curvatura della strada, si distingue nell'architettura lucchese dell'epoca per la sua solennità, accentuata anche dalla notevole ampiezza. Le membrature in pietra si disegnano nitidamente sull'intonaco anche negli ambienti interni e nell'altra facciata che dà sul giardino. Il palazzo è stato di recente perfettamente restaurato. Poco più avanti, sulla sinistra è l'imbocco di Via dell'Anfiteatro.

L'ANFITEATRO

L' Anfiteatro romano, che si presenta oggi interrato di circa tre metri, fu edificato fuori le mura nel I o II secolo d.C. Di forma ellittica, aveva all'esterno due ordini sovrapposti di cinquantaquattro arcate su pilastri, che sorreggevano la cavea formata da ventiquattro gradoni. Il grande edificio, andato in rovina durante le invasioni barbariche, diventò per secoli una specie di cava di materiali da costruzione. Tutte le colonne e l'intero rivestimento marmoreo furono asportati e finirono in gran parte nelle chiese che andavano sorgendo. Sui ruderi rimasti il nome medievale *"alla Grotta"* sopravvive ancor oggi in una bottega e in una locanda della zona si sovrapposero e si addensarono case e costruzioni generalmente di tipo molto modesto, le quali, poiché utilizzavano le fondazioni e le residue strutture dell'antico edificio, ne conservarono perfettamente la forma.

La straordinaria piazza che vediamo oggi fu realizzata nel 1830 con geniale intuizione urbanistica dall'architetto *Lorenzo Nottolini,* che abbattute le poche costruzioni esistenti nell'arena, si limitò ad uniformare al piano terra l'ininterrotta linea circolare delle case, lasciandone inalterata l'estrema varietà degli alzati.

L'effetto d'insieme è veramente singolare. Pochi sono gli elementi originali affioranti, soprattutto sul lato est, dove si trova anche l'unica arcata di accesso rimasta (gli altri tre ingressi sono del secolo scorso). Dall' Anfiteatro si passa nella adiacente Piazza S. Frediano.

Anfiteatro romano - particolari

S. Frediano - Veduta aerea

S. FREDIANO

Secondo la tradizione fu lo stesso vescovo Frediano a fondare nel VI sec. la primitiva chiesa che sorgeva in questo luogo, dedicandola a S. Vincenzo. Essa assunse il titolo di S. Frediano quando, nell'VIII sec., i resti del santo vescovo furono riposti nella sua cripta. La chiesa sorgeva poco fuori la cinta delle mura romane, in prossimità della porta nord e aveva, secondo l'uso generale, la facciata volta a occidente. In antiche memorie è chiamata *"Basilica Longobardorum"* e i documenti rimasti (VII sec.) confermano l'importanza che ebbe nel periodo longobardo.

Nella prima metà del sec. XII S. Frediano, come quasi tutte le chiese lucchesi, fu interamente ricostruita ed ebbe, per ragioni urbanistiche, orientamento opposto a quello dell'edificio precedente. Nei primi decenni del secolo successivo si procedette ad un generale rialzamento della fabbrica (circa m. 3,30), che comportò il parziale rifacimento dell'abside e la sopraelevazione della facciata. Vi furono poi, con l'annessione di edifici adiacenti e l'apertura di nuove cappelle nelle fiancate, ampliamenti frammentari che si protrassero fino al sec. XVI.

Consacrata da papa *Eugenio III* nel 1147, la chiesa nel suo stato originale, era dunque sostanzialmente diversa da come la vediamo oggi. La facciata era limitata in larghezza alle tre navate: era cioè costituita dalle tre parti centrali di quella attuale delimitate da paraste, escludendo le due ali corrispondenti all'ampiezza delle cappelle. A turbarne l'equilibrio e le proporzioni intervenne, oltre alle aggiunte laterali, il rialzamento duecentesco, proporzionalmente piú accentuato nel settore centrale con l'inserzione del grande mosaico bizantineggiante. Malgrado le modificazioni e le aggiunte, la facciata di S. Frediano è tuttavia riconoscibile come uno degli esempi piú autentici del romanico lucchese. La misurata semplicità dell'insieme e la levigatezza del candido paramento, privo di decorazione, richiamano con evidenza il modello di S. Alessandro.

All'interno la ristrutturazione duecentesca della chiesa portò invece alla creazione di un vero capolavoro! Sui due splendidi colonnati originali di dodici archi uguali si ele-

Basilica di S. Frediano - Particolare della facciata

S. Frediano - Interno con Fonte Battesimale

vano compatti i muri rialzati della nave maggiore, interrotti solo da una cornice al di sopra della quale si aprono leggere e luminose le semplici monofore classicheggianti, una per ogni arcata. E' importante notare che la forte sopraelevazione del presbiterio fu introdotta successivamente, nel sec. XVI. Ad un unico piano, com'era in origine, la grande aula basilicale appariva certamente ancor piú solenne e profonda. Al maestro che operò nell'interno è da ascriversi anche il rifacimento dell'abside, listata da alte fasce bianche e grigie con due ordini di monofore e una loggia architravata nel coronamento. La forte torre campanaria interamente rifatta nel rivestimento nel secolo scorso con monofore, bifore, trifore e quadrifore in progressione verso l'alto e archetti pensili ad ogni ri-

piano, segue uno schema assai comune in tutta la Lucchesia.

Come abbiamo già detto, le cappelle laterali furono costruite o inglobate in periodi diversi, dal sec. XIII al XVI. L'ampliamento piú antico fu operato nel '200 collegando alla chiesa, per mezzo di due colonnati, l'antica *Cappella di S. Croce*, prossima alla facciata su lato sud e il *Battistero,* esistente forse fin dal decimo secolo sul lato opposto. E' stata avanzata l'ipotesi che i due colonnati e il tratto iniziale del muro esterno verso sud siano la parte realizzata di un progetto di ampliamento della chiesa a cinque navate, lasciato poi interrotto. Entrando dalla porta maggiore si vede subito a destra, oltre il secondo colonnato, il magnifico *fonte battesimale romanico* andato smembrato alla fine del sec. XVIII e di recente ricomposto (1952) sulla base di un disegno pervenutoci che lo raffigura cosí com'è oggi. Eseguito intorno alla metà del sec. Xll, è a forma di vasca circolare, con una grande tazza interna sostenuta da un pilastro e coronata da un coperchio su colonnette. Nella complessa decorazione scultorea è chiaramente distinguibile l'intervento di tre personalità diverse. Nettamente caratterizzata è quella del maestro, certamente un lombardo, che scolpì con vigoroso rilievo *Storie di Mosè* in quattro delle sei lastre che formano il rivestimento esterno della vasca. Narrati con linguaggio vivido e semplificato, gli episodi si susseguono affollati di figure, senza un impianto architettonico che li incornici e li suddivida. Eccezionalmente bello il *"Passaggio del Mar Rosso"*,

Fonte Battesimale

Fonte Battesimale - Particolare della vasca

con i soldati del Faraone avanzanti tra le onde, raffigurati in cotta ed elmo come cavalieri medievali.

Al secondo artista, Maestro Roberto, che ha lasciato la sua firma sull'orlo della vasca: "Me fecit Robertus magister in arte peritus" si devono il *Buon Pastore* e *i sei Profeti* scolpiti nelle due rimanenti lastre della vasca. Gli influssi bizantini evidenti nelle esili figure e gli archetti che le incorniciano, ispirati a sarcofagi romani, lo distinguono nettamente dal Maestro delle Storie di Mosé.

Il terzo maestro, un toscano con forti ricordi classici, lavorò alla decorazione della coppa centrale. Sul coperchio, suddiviso in due fasce sovrapposte, sono scolpiti in alto gli Apostoli e sotto i simboli figurati dei mesi. Bellissimi i mascheroni della tazza, da cui sgorgava l'acqua lustrale e il pilastro, decorato con una rappresentazione stilizzata dell'acqua fluente, in cui emergono un mostro marino e un fanciullo nudo. L'opera, anche se in parte deteriorata, è uno dei pezzi piú prestigiosi che la scultura romanica abbia lasciato a Lucca.

In fondo alla chiesa sono sistemati alcuni frammenti di affreschi del sec. XIII, staccati di recente dalla parete interna della facciata (altri affreschi della stessa epoca, molto rovinati, sono visibili su alcune colonne e sul muro della navata maggiore). La statua lignea policromata (*Maria Annunciata*) che si vede nell'angolo è opera di *Matteo Civitali* (1475 c.).

Sulla parete vicina al fonte è una grande lunetta con un' *Annunciazione* in terracotta invetriata, attribuita ad *Andrea della Robbia*. Ad

Andrea della Robbia è pure da attribuirsi la figura di S. *Bartolomeo* posta sul pilastro divisorio della adiacente cappella, dove si conservano i resti di S. *Zita* (morta nel 1278 e rammentata da Dante nel Canto XXI dell'lnferno). Intorno alla figura della santa, subito spontaneamente venerata dal popolo, fiorì fin dall'antico una poetica leggenda. Domestica presso la nobile famiglia Fatinelli, si narra che un giorno venisse sorpresa dal padrone mentre si recava a portare ai poveri del pane sottratto alla dispensa. Richiesta di cosa nascondesse nel grembiule, rispose: rose e fiori. E il padrone, che volle sincerarsene, non vide che fiori in luogo del pane. Il miracolo è ricordato ogni

Cappella Trenta - Madonna col bambino (Jacopo della Quercia)

Cappella di S.Agostino - Traslazione del Volto Santo (Amico Aspertini 1508-1509)

anno nel mese di aprile con la benedizione delle giunchiglie appena fiorite. Nei giorni della ricorrenza la piazza e le vie adiacenti alla chiesa vengono trasformate dai venditori di fiori e di piante in un immenso giardino.

Proseguendo lungo la navata si vede sulla parete sinistra della *Cappella di S. Biagio* (la prima) la tela con *"Deposizione"* di *Pietro Paolini* (1603-1681), drammaticamente animata dagli effetti di luce e di scorcio. Sulla parte esterna della Cappella, verso il fonte, è appoggiato un frammentario altare del Sacramento scolpito da Matteo Civitali nel 1489 e in seguito smembrato e in parte distrutto.

Nell'ultima cappella si vede, da-

Cappella di S.Agostino - Miracolo di S.Frediano (Amico Aspertini 1508-1509)

vanti all'altare, nella grande ancona in legno scolpito e dipinto, un'
Assunzione, eseguita ai primi del
'500 da Masseo Civitali (nipote di
Matteo). In fondo alla navata a destra è l'ingresso alla Sacrestia e ai
locali dell'Opera, dove si conservano opere e arredi sacri di notevole
valore, fra i quali segnaliamo: un
reliquiario in rame smaltato di

scuola renana del sec. XII, ritrovato
nel 1948 dentro il sarcofago di S.
Riccardo in perfetto stato di conservazione; un falco in bronzo, forse in
origine un incensiere, rara opera di
arte araba medievale (si trovava un
tempo sulla cuspide della facciata,
dove oggi è sostituito da una copia); infine, di particolare interesse, l'intero paramento in broccatel-

lo di manifattura lucchese del sec. XVI, con cui fino ai nostri giorni si rivestivano in occasione di solennità le colonne, i muri della navata maggiore e l'abside. Dietro l'altare maggiore si vedono i resti di un magnifico pavimento cosmatesco (sec. XII), qui frammentariamente trasportato quando, col rialzamento del presbiterio, venne disfatto l'an-

tico recinto corale in cui si trovava. Il grande monolito di calcare, nella testata della nave sinistra, proviene con ogni probabilità dall'Anfiteatro. Da edifici monumentali romani provengono pure quasi tutte le colonne della chiesa, che infatti, oltre ad essere di materiale diverso, presentano differenze leggere nel diametro e più accentuate nell'al-

Cappella di S.Agostino - Natività (Amico Aspertini 1508-1509)

tezza, compensate queste ultime dal diverso spessore delle basi, anch'esse di epoca romana come molti dei capitelli.

Vicino al monolito è la lastra di copertura del perduto sarcofago romano che contenne un tempo i resti del vescovo *S. Frediano* figura importante, anche se non ben delineata, nella storia della chiesa lucchese. A lui la tradizione attribuisce l'ordinamento della diocesi e la fondazione delle piú importanti chiese della città. Tra le opere d'arte conservate in *S. Frediano* spicca per la sua bellezza il dossale dell'altare della *Cappella Trenta* (l'ultima della navata sinistra) di *Jacopo della Quercia*. In forma di polittico gotico ha al centro la *Madonna col Bambino* e nei quattro scomparti laterali *S. Orsola, San Lorenzo, S.Girolamo e S. Riccardo*; nella predella sono scolpiti in bassorilievo al centro una *Pietà con due Dolenti* e ai lati i miracoli o il martirio dei santi sopra raffigurati.

L'opera, firmata nella base del trono della Madonna, è datata 1422, ma fu probabilmente iniziata assai prima, come sembrerebbero indicare le differenze di linguaggio tra le scene della predella, di grande vigore plastico e di forte drammaticità, e la parte superiore, forse riferibile a una fase precedente dell'attività dell'artista.

Sotto l'altare un'urna romana del lll sec. d.C. racchiude le ceneri dell'irlandese *S. Riccardo*, morto pellegrino a Lucca nel 722. Nel pavimento sono le tombe terragne di *Lorenzo Trenta* e della moglie, scolpite in bassorilievo con le figure dei defunti da Jacopo della Quercia nel 1416. Per quanto assai rovinate, sono ancora di grande interesse. Sulla parete di fronte all'altare è una bella "Concezione di Maria",

dipinta su commissione da *Francesco Francia* nel 1511.

Discendendo la navata sinistra si trova, presso l'ingresso laterale, la *Cappella di S. Agostino*, interamente affrescata nel 1508-09 da *Amico Aspertini*. L'opera fu giudicata dal *Vasari* una delle piú belle del pittore bolognese. Gli affreschi rappresentano: nei due riquadri a destra la miracolosa deviazione del Serchio, operata da *S. Frediano* e una Natività; in quelli di sinistra S. Ambrogio che battezza S. Agostino e la traslazione da Luni a Lucca del Volto Santo che, secondo la tradizione, venne posto in un primo tempo proprio in questo luogo (nella già ricordata Cappella di S. Croce) nei lunettoni l'approvazione della regola di S. Agostino e una Deposizione di Cristo (il Giudizio Universale del lunettone sulla parete di fondo è perduto); nella volta, su fondo azzurro, il Padre Eterno, attorniato da Profeti e Sibille.

I nobili personaggi che appaiono nel *Miracolo di S. Frediano* e nel *Battesimo di S. Agostino* sono, dice il Vasari: «ritratti di persone segnalate in quella città» (Lucca). Tra questi vi sarebbe l'autoritratto del pittore. Negli sfondi si aprono profondi paesaggi col porto di Luni, la città di Lucca e vedute fantastiche con rovine romane e torri medioevali. Interessante anche la decorazione monocroma dei finti pilastri divisori, la stessa decorazione inquadra nell'arco di ingresso della Cappella figure di santi e scene della vita di Cristo.

Ad *Amico Aspertini* si deve pure l'affresco centinato, assai sciupato nel colore, che si trova a destra della porta maggiore con una Madonna in piedi su un alto basamento fra quattro figure di santi e un angelo che suona il liuto. Quello di sini-

Falco in bronzo del IX Sec. con sovrastrutture di Gallo del Sec. XIII

stra, anch'esso notevole, che rappresenta una Visitazione, è attribuito al *"Maestro del Tondo Lathrop"*. Presso la chiesa di S. Frediano sul lato nord, era l'antico Cimitero di S. Caterina, già parzialmente distrutto nel sec. XV. Su una parte di esso venne costruita la Cappella del Soccorso, in fondo alla quale sono rimaste alcune interessanti tombe medioevali.

Nel cortile adiacente, cui si accede dal chiostro cinquecentesco del grande edificio conventuale annesso alla chiesa, sono state rimesse in luce due trifore e una pentafora del sec. XIV, con affreschi della stessa epoca. Il convento di S. Frediano, già esistente nel sec. VII, divenne nel 500, quando ne era priore *Pietro Martire Vermigli,* il principale centro di diffusione a Lucca delle dottrine riformiste. La Repubblica fu in un primo tempo estremamente tollerante verso le nuove idee, che si diffusero rapidamente non solo nelle classi dominanti, ma anche nel contado, soprattutto in Val di Serchio e in Garfagnana. In seguito però per evitare interventi esterni che ne avrebbero compromesso l'indipendenza, fu costretta prima a vietare l'introduzione nello stato dei libri dichiarati ereticali e poi a bandire i principali rappresentanti della Riforma.

La maggior parte di essi si rifugiarono a Ginevra, dove tutt'oggi vivono alcuni loro discendenti. La Repubblica tuttavia riuscí sempre a impedire la presenza a Lucca dell'Inquisizione e dei Gesuiti.

PALAZZO PFANNER

Usciti da S. Frediano per la porta laterale si imbocca l'antica Via Anguillara, si volta a destra per Via Fontana, dove si trova il Palazzo Fatinelli col Pozzo di S. Zita, quindi a sinistra per Via Cesare Battisti e poi di nuovo a destra per Via degli Asili. Qui si trova dopo pochi passi, sulla destra, il Palazzo Controni (oggi Pfanner), costruito intorno al 1667. Il disegno della facciata segue ancora schemi tardo cinquecenteschi, ma l'atrio amplissimo e il fastoso scalone poggiante su pilastri e colonne, aperti verso il giardino, sono di un gusto ormai barocco, sia pur temperato dalla misura e dal rigore propri della tradizione architettonica locale. Non è stato finora identificato l'architetto che costruì il palazzo. La geniale e scenografica sistemazione del giardino

settecentesco richiama invece senza esitazioni in nome di *Filippo Juvarra*, attivo a Lucca in quegli anni non solo per il completamento del Palazzo Pubblico, ma anche come progettista dei rinnovati giardini di alcune ville del contado. Statue raffiguranti le stagioni, i mesi o figure di Dei ornano la vasca ottagonale e affiancano tra alte siepi il viale centrale, fino alla limonaia con una balaustra sormontata da un'aquila e due leoni. Ma il vero sfondo del giardino è costituito dall'alta e folta alberatura delle mura. La fastosa scenografia del giardino è perfettamente reversibile, nel senso che un'altrettanto magnifica veduta si può avere dalle mura, avendo allora come sfondo l'animato prospetto del palazzo. Nell'atrio, che conserva il pavimento in cotto originale, si trova un sarcofago romano del XI secolo. Nell'appartamento del piano nobile, decorato con finte prospettive da Pietro Scorzini nei primi anni del 700, erano esposti in mostra permanente alcuni bellissimi costumi lucchesi del sec. XVIII e dei primi decenni del secolo successivo, venuti in proprietà del Comune per acquisto o per donazione.

Da Piazza S. Agostino si passa in Via S. Giorgio dove, sulla destra, si trova il Palazzo Boccella del tardo sec. XVI, integralmente conservato con le panche di via, le belle finestre del piano terra sormontate da timpano spezzato, i mascheroni grotteschi del primo piano. Di qui, prendendo il vicolo di fronte al palazzo, si giunge davanti alla facciata seicentesca della Chiesa di S. Maria in Corteorlandini (l'antica Corte Rolandinga), detta comunemente S. Maria Nera perché in essa si venera una copia della Madonna di Loreto. Dell'edificio costruito al fine del

sec. XII restano solo le fiancate e le absidi. L'interno fu interamente rifatto nel 1719 col pulpito, le cantorie dell'organo, gli altari e le volte affrescate e stuccate da *Pietro Scorzini*. Unitariamente concepito e molto ben conservato esso è forse il piú godibile fra i pochi esempi di architettura barocca lucchese. Nell'andito cui si accede dalla porta laterale sinistra si veda la bella statua in legno policromato di S. *Nicola da Tolentino*, attribuita a *Giacomo Cozzarelli* (1453-1515). Nel convento seicentesco annesso alla chiesa è sistemata la Biblioteca Statale, ricca di edizioni rare e di codici miniati di grande valore.

Di fronte al fianco della chiesa è il Palazzo Orsetti, oggi di proprietà comunale, della prima metà del sec. XVI. Nelle due facciate, su Via del Loreto e Via S. Giustina, si aprono due grandi portali in pietra, fastosamente scolpiti nei pilastri e nell'arco con trofei d'arme, sfingi, draghi e grottesche: uno è

Palazzo Pfanner - Lo Scalone e la Loggia

Palazzo Pfanner - Il Giardino

Chiesa di Santa Maria Corteorlandini (S. Maria Nera) (Sec. XII-XVII)

Chiesa di Santa Maria Corteorlandini - Interno

97

Palazzo Orsetti: un portone

La sala degli specchi

sormontato da una sirena, l'altro da un tritone. Sia il palazzo che la decorazione scultorea sono tradizionalmente e concordemente attribuiti a *Nicolao Civitali*. Gli anditi di ingresso, coperti con volta a botte, conducono: uno (da Via S. Giustina) al braccio porticato del cortile, l'altro (da Via del Loreto) alle scale monumentali. Sono visitabili le sontuose sale settecentesche del piano nobile, con arredi, arazzi, e dipinti dell'epoca. Di fronte al palazzo è un tipico giardino lucchese, racchiuso da un alto muro finestrato da cui trabocca il verde.

Via S. Giustina ci conduce, a sinistra, in Piazza S. Salvatore con una fontana neo-classica e in un angolo la mozza Torre dei Veglio

Sala dell'eco

(sec. XII). La chiesa conserva nella porta laterale un importante architrave, raffigurante un Miracolo di S. Nicola, firmato da *Biduino* e databile intorno al 1180.

Traversata la piazza si segue la caratteristica Via Buia (oggi intitolata a Boccherini che qui nacque) fino al primo incrocio: nella strada a sinistra, Via del Moro, sono visibili belle case del sec. XIII, assai ben conservate. Continuando per Via Buia si raggiunge Via Fillungo dove, sull'area della piazzetta, sorgeva un tempo la Loggia dei Mercanti, distrutta da *Elisa Baciocchi* nel suo programma di ammodernamento della rete viaria cittadina. Poco più oltre, in Via S. Andrea, troviamo la piazza su cui sorge il Palazzo Guidiccioni, opera di *Vincenzo Civitali* (sec. XVI).

Nel palazzo ha oggi sede l'Archivio di Stato, uno dei più importanti d'Italia per l'organicità e la completezza delle serie archivistiche (dal 1314 al 1847) e l'antichità delle carte che conserva, alcune delle quali anteriori al mille. Fra i manoscritti miniati qui raccolti ricordiamo la Cronica di Giovanni Sercambi, lo Statuto del Comune del 1372 e il Codice di Leobino con la leggenda del Volto Santo. Vi è conservata pure la più antica iscrizione cristiana lucchese, dell'anno 536.

Sull'altro lato della piazza è l'ingresso posteriore del Caffè Caselli che, dal tempo in cui lo frequentava *Giovanni Pascoli*, amico del padrone, è sempre stato il ritrovo dei letterati e degli artisti lucchesi, e ha conservato, almeno finora, un arredamento vecchio stile.

Proseguendo per Via S. Andrea si trova dopo poco su una piazzetta la chiesa omonima (sec. XIII) con la facciata in pietra grigia arenaria arricchita da un bel portale. L'imponente altare maggiore è una delle poche opere sicure lasciate nella città natale dal grande architetto *Domenico Martinelli* (1650-1718), che operò prevalentemente all'estero, a Vienna, a Praga, a Varsavia, in Prussia e in Olanda. La bella statua in legno policromato di *S. Antonio Abate* è tradizionalmente attribuita a *Andrea Sansovino*.

Davanti alla chiesa si vede un palazzetto del sec. XIV, esempio assai ben conservato di casa lucchese dell'epoca, con pianta irregolare, pilastri in pietra e ampie finestre bifore, trifore e pentafore al primo e al secondo piano. Nella facciata su Via S. Andrea si apre un bel portale quattrocentesco. Di qui si ha una bella veduta, tra i tetti delle case, della torre Guinigi.

LE VILLE LUCCHESI

Abbiamo tralasciato la descrizione di opere e monumenti che, pur in se stessi di notevole valore storico o artistico, non ci sono sembrati particolarmente significativi. Fare altrimenti ci avrebbe condotti a percorrere quasi indistintamente tutte le strade di Lucca, soffermandoci ad ogni passo. Non possiamo chiudere tuttavia senza fare un cenno alle ville del contado, che costituiscono un aspetto rilevante dell'architettura lucchese.

Delle ville documentate per i secoli XIV e XV (tra le quali quella di Castruccio a Massa Pisana) resta qualche esempio minore, in genere assai rimaneggiato e mal ridotto. Da quanto è rimasto possiamo tuttavia dedurne la tipologia prevalente: erano a corpo allungato e con tetto a capanna, quindi con le due sole facciate, ed erano in genere a due piani, con finestre bifore. Ma la tipica villa lucchese è quella che le piú facoltose famiglie mercantili, seguite poi anche da tutte quelle minori, cominciarono a costruirsi agli inizi del sec. XVI. Si trovano prevalentemente alle falde delle colline, a non grande distanza dalla città, in posizione accuratamente scelta in modo da dominare la pianura e restare tuttavia appartate.

Gli architetti che costruirono le

Villa Mansi

Villa Torrigiani

ville dei mercanti sono gli stessi che costruirono per loro i palazzi cittadini: lo stesso è quindi lo stile severo e misurato che le caratterizza. Ma mentre in città essi operavano in genere ristrutturando edifici preesistenti ed erano comunque sempre costretti da invalicabili limiti di spazio e di conformazione, l'isolamento dell'edificio in campagna consentì loro piena libertà di progettazione, sia pure nel rispetto delle precise esigenze dei committenti, e determinò quindi rilevanti differenze rispetto alla forma del palazzo cittadino. Nel corso del sec. XVI la villa tende sempre piú ad assumere la forma di un parallelepipedo e quindi anche le fiancate assumono dignità e decoro architettonico. Le soluzioni piú articolate con ali a squadra o corpi avanzanti sono in genere suggerite dalla conformazione del terreno. Il cortile interno, fulcro del palazzo cittadino, non compare mai ed è sostituito nelle sue funzioni da un loggiato sul tergo e dal salone centrale del piano nobile, intorno al quale si articolano le camere. Ai servizi è destinato il seminterrato, mentre il piano di soffitta, talvolta sormontato da un'altana o belvedere, serve come alloggiamento della servitú e come dispensa e guardaroba. Gli edifici rustici sono in genere assai prossimi, perché la villa non è solo un luogo di piacevole soggiorno, ma anche e soprattutto il luogo dove si amministrano oculatamente i poderi e dove si promuovono e si sorvegliano i lavori agricoli: quei lavori che trasformarono a poco a poco le colline lucchesi in uno spazio mirabilmente costruito e ordinato, oggi purtroppo in progressivo disfacimento. La vasta area cintata è suddivisa in scomparti regolari destinati a giardino, a orto, a frutteto: l'acqua sapientemente derivata dai ruscelli vi alimenta vasche, fontane e zampilli. Il viale principale, sempre con nobile portale di accesso, è, ove possibile, in asse con la villa e prosegue sul tergo dell'edificio fino all'inizio del bosco, chiuso da una prospettiva spesso architettonicamente elaborata. Naturalmente molte di queste ville ebbero trasformazioni piú o meno radicali nei sec. XVII e XVIII. Le facciate si animarono, secondo il gusto barocco, di scalinate, loggie e terrazze ornate di statue e i giardini lasciarono la classica forma "all'italiana" per assumere aspetti piú mossi e scenografici. Agli inizi dell'800 i parchi delle ville maggiori furono in parte trasformati "all'inglese". Tra le molte che lo meriterebbero dobbiamo limitarci a segnalare solo le poche che sono normalmente aperte al pubblico: la Villa Reale di Marlia, la Villa Mansi a Segromigno, la Villa Torrigiani a Camigliano e la Villa Garzoni a Collodi. Le prime tre si trovano alle falde delle Pizzorne, circa dieci chilometri a nord della città, a non grande distanza l'una dall'altra. L'ultima, la Villa Garzoni, è un po' piú distante, vicino a Pescia.

Villa Torrigiani

LA VILLA REALE

La Villa Reale di Marlia, che ha origini antiche, venne interamente ricostruita nel sec. XVII insieme al giardino e all'adiacente Palazzina dell'Orologio. Stampe e disegni dell'epoca sono rimasti a testimoniare il nobile aspetto tardorinascimentale dell'edificio.

Nel 1811 *Elisa Baciocchi*, principessa di Lucca per volere di Napoleone, costrinse la famiglia Orsetti che ne era proprietaria a cedergliela, con l'ambizione di trasformarla in qualcosa di veramente regale. L'aspetto della villa fu del tutto mutato e l'interno radicalmente rifatto con una nuova distribuzione delle stanze, raffinatamente decorate e arredate in stile neoclassico. Il giardino fu enormemente ampliato (e nei progetti doveva essere ancora molto piú esteso), includendo in esso anche una villa vicina, la Villa del Vescovo del sec. XVI. Veramente napoleonico fu il nuovo ingresso con le due palazzine e il cortile semicircolare delimitato da siepi e grandi vasi di marmo. Nella sistemazione del parco vennero tuttavia rispettate le parti seicentesche architettonicamente rilevanti: la scenografica vasca col teatro d'acqua dietro la villa, lo splendido giardino dei limoni con la peschiera e il singolare teatro di verdura. Siepi di tasso geometricamente potate e ormai altissime caratterizzano questa parte del giardino. La grande innovazione fu l'ampliamento e il prolungamento del prato davanti alla villa "disegnato e piantato da un inglese abilissimo giardiniere paesista". Il prato digrada dolcemente verso un laghetto, contornato da boschetti di piante sapientemente scelte nella forma, nel colore e nella disposizione. La veduta, con la luce che col variare delle ore gioca magici effetti tra gli alberi, è di una bellezza indicibile. "Luogo veramente divino" lo definisce in una lettera alla sorella il principe di Metternich che, come altri personaggi dell'epoca, fu ospite della villa. Vale la pena di ricordare che "virtuoso di camera" e direttore d'orchestra di Elisa era *Nicolò Paganini*, che parla a lungo nei suoi ricordi dei concerti che qui dette.

LA VILLA MANSI

Costruita nella seconda metà del 500 la Villa Mansi venne ampliata e trasformata nella facciata da *Muzio Oddi* intorno al 1635. Nel secolo successivo l'abate *Gian Francesco Giusti* ne rielaborò ulteriormente la facciata, modificandone la parte superiore e arricchendola di statue e balaustre. La diversità degli interventi non è tuttavia avvertibile nel prospetto della villa che, pur avendo conservato la solida struttura originale, si presenta leggero, mosso e luminoso. Anche il grande giardino cinquecentesco ebbe nei due secoli successivi, e anche nell'800, rilevanti modificazioni. La parte est con i viali a stella, la grande vasca mistilinea e la Palazzina dell'Orologio, è opera di un geniale architetto di derivazione francese della fine del sec. XVIII. La parte ovest fu progettata e realizzata tra il 1725 e il 1732 con un doppio scenografico giardino da *Filippo Juvarra*, che ne curò anche la sistemazione idraulica (come abbiamo già accennato, allo Juvarra si devono molti disegni e progetti per ville lucchesi, che solo in parte trovarono attuazione).

Ai primi dell'800 la parte maggiore del parco con i giardini disegnati dallo Juvarra, fu disfatta per adottare la forma "al naturale" o "all'inglese", in cui le sopravvivenze settecentesche assunsero un aspetto e un significato diversi. Il complesso è certo uno dei piú notevoli della Lucchesia.

LA VILLA TORRIGIANI

La Villa Torrigiani a Camigliano è della seconda metà del '500 e anch'essa venne ampliata e completamente trasformata nel prospetto durante il primo decennio del '700 da *Alfonso Torregiani* (il tergo conserva invece il loggiato originale). Animata da aggetti e rientranze e dal contrasto di colore fra il tufo giallo, la pietra grigia e il bianco delle statue e dei busti la facciata si presenta eccezionalmente mossa e fastosa.

Ugualmente superbo e fastoso è il grande portale di ingresso al giardino, posto al termine di un viale di settecento metri che si allunga tra i campi fiancheggiato da due file di altissimi cipressi.

Fuori della cinta si trova da un lato la cappella e dall'altro un piccolo borgo di gusto medievalizzante. Anche le singolari scale a pianta ellittica, all'interno, e la sfarzosa decorazione del salone centrale risalgono ai primi del 700.

Il giardino, dominato dall'imponente facciata del palazzo, ha in parte conservato, nonostante le modifiche del secolo scorso, la struttura settecentesca con le due vasche mistilinee dal bordo appena rilevato e la simmetrica disposizione laterale delle piante. Sul tergo i giardini si accentrano intorno a una grande vasca circolare. Molto complessa e variata è invece la parte del parco a destra della villa, con la galleria di verde ornata di statue e fontane, la grande peschiera, il segreto giardino di Flora e il bellissimo Ninfeo, arricchito da "scherzi d'acqua" che sono forse il complesso del genere piú elaborato e macchinoso esistente in Italia e che fu ammiratissimo fin dalla sua costruzione.

Villa Garzoni - Il giardino

LA VILLA GARZONI

La Villa Garzoni di Collodi fu interamente ricostruita nei primi decenni del sec. XVII ed è il piú imponente "palazzo in villa" della Lucchesia con i suoi quattro piani piú il coronamento centrale, l'imbasamento sul pendio terrazzato, le rampe d'accesso, iI portale magniloquente e i due posti di guardia ai lati dell'ampia facciata. Il paese di Collodi si trova come rannicchiato e nascosto dietro la villa, sulla cresta della collina: fino a non molto tempo fà anzi gli abitanti per arrivare al paese passavano dal portone del palazzo. Entrando il visitatore è colpito dall'inattesa apparizione, oltre il portico e il cortile, della deliziosa "palazzina d'estate", eseguita su disegno di *Filippo Juvarra* nei primi decenni del '700. La piccola costruzione barocca col movimento del prospetto curvilineo, la grazia capricciosa delle volute e il colorismo dei materiali usati, contrasta nettamente con la solennità del palazzo. L'interno ha conservato la decorazione a stucchi e affreschi, e in parte anche gli arredi, dei sec. XVII e XVIII.

La villa ebbe in origine solo un giardino terrazzato sul lato destro, oggi trasformato in boschetto. Il giardino maggiore, del tutto indipendente e non in asse con l'edificio, fu costruito un poco piú tardi, verso la metà del 600. Oltre il vasto semicerchio di ingresso con le due vasche circolari, delimitato da siepi ondulate, esso fu ottenuto terrazzando geometricamente il ripido pendio della collina e ricavandone una "scala d'acqua" fiancheggiata da rampe con grotte, nicchie, statue e balaustre. Negli anni 1786-87 il patrizio lucchese *Ottaviano Diodati* ne rielaborò ulteriormente la struttura arricchendola di nuove invenzioni e prospettive, trasformando in modo piú imponente e fastoso la mostra d'acqua e popolando le siepi e i viali di statue in cotto di gusto naturalistico. Nel parco, oltre al seicentesco Ninfeo a pianta ellittica e al Teatro di verdura, è conservato il Labirinto fatto di siepi e complicato da scherzi d'acqua, l'unico rimasto nelle ville lucchesi. Sulla cima della collina sorgeva un "Romitorio" che fu trasformato dal *Diodati* in un frivolo edificio per i bagni. Le quattro vasche ovali, ricavate nel pavimento e separate da paraventi curvilinei in muratura, hanno di fronte il palchetto dell'orchestra, posto in modo tale che i musicisti non potessero vedere i bagnanti.

Il giardino di Collodi ebbe altissima fama nel periodo del suo massimo splendore: il re di Polonia Stanislao Poniatowsxi ne chiese un disegno alla famiglia Garzoni e Carlo VlI di Napoli interpellò il Diodati per il parco di Caserta.

Occorre osservare, per concludere, che il fastoso stile barocco delle ville di cui abbiamo parlato ebbe una scarsa eco nell'architettura lucchese dell'epoca, limitata il piú delle volte alla decorazione dei saloni e alla sistemazione dei giardini. Nei palazzi cittadini e nella maggior parte delle ville del contado si continuò a seguire, pur nel variare del gusto, la contenuta e rigorosa tradizione cinquecentesca.

Concluderemo la nostra visita ai dintorni di Lucca accennando ad alcune località interessanti e facilmente raggiungibili: da Torre del Lago Puccini con la casa del Maestro sul lago di Massaciuccoli, alla luminosa riviera della Versilia dominata dalle candide Alpi Apuane con le celebri cave di marmo. A nord-ovest toccheremo una parte della boscosa Garfagnana, bagnata dal Serchio, visitando Bagni di Lucca e Barga dove risiedette Giovanni Pascoli.

NOZZANO

Il turrito castello del Trecento, in cima al poggio attorno al quale è raccolto il paese di Nozzano, domina dall'alto del colle stesso la riva destra del Serchio.

Il castello fronteggiava un tempo le fortificazioni di Ripafratta che segnavano il confine con la vicina Pisa.

Una delle torri del castello è stata trasformata nel campanile della chiesa.

Il Castello di Nozzano

BORGO
A MOZZANO

E' un pittoresco paese che troviamo salendo la strada per la Garfagnana. Nella chiesa parrocchiale
di San Jacopo vi sono pregevoli
sculture del XV-XVI secolo. Al-
l'uscita dell'abitato sorge il caratteristico Ponte della Maddalena,
detto anche « del Diavolo »: ardi-
ta costruzione a schiena d'asino
che scavalca il fiume Serchio con
quattro spettacolari arcate asimmetriche. Il ponte è stato costruito o per lo meno iniziato dalla
Contessa Matilde nel sec. XI.

Borgo a Mozzano - Ponte del Diavolo

BAGNI DI LUCCA

Località termale situata ai piedi del Colle di Corsena, si sviluppò particolarmente nel secolo scorso. Fu frequentata soprattutto dalla nobiltà lucchese e da numerosi artisti, scrittori e poeti: Montaigne, Byron, Heine, d'Azeglio e Carducci hanno lasciato nei loro scritti un simpatico ricordo di questa cittadina.

Bagni di Lucca è composta di varie frazioni che sorgono lungo la Lima: Ponte a Serraglio, esteso sulle due rive del fiume attorno al ponte costruito nel 1317 da *Castruccio Castracani*, e nelle immediate vicinanze Bagni Caldi, dove sorge il principale complesso termale. Proseguendo sul viale che fiancheggia la Lima si arriva a la Villa, la principale frazione di Bagni, è composta da una parte moderna, con viali e giardini e da un nucleo antico, Corsena, con la bella chiesa di origine romanica e un massiccio campanile merlato. Dal colle stesso sgorgano le rinomate acque minerali di natura salina, usate come bevande e come bagno per artriti, nevralgie,ecc.

Bagni di Lucca è frequentata tutt'ora da numerosi stranieri, in modo particolare cittadini inglesi che hanno eretto in passato un loro cimitero monumentale e la chiesa anglicana.

BARGA

E il piú importante centro della media valle del Serchio. La cittadina è composta da una parte antica arroccata sul colle, con pittoresche viuzze anguste e ripide e una parte moderna ai piedi dell'antico paese.

Nel sec. X, venne concessa in feudo ai Rolandinghi dai vescovi di Lucca e piú tardi, nel 1090, ebbe privilegi dalla Contessa Matilde, confermati poi dal Barbarossa. Contesa da lucchesi, fiorentini e pisani, si pose sotto la protezione di Firenze.

Il bel duomo fu costruito nel IX secolo, poi rimaneggiato e ampliato nel 1300.

Dal terrazzo prospiciente la chiesa si gode un bel panorama della vallata con lo sfondo delle Alpi Apuane.

La parte posteriore del duomo divenne poi la bella facciata che oggi possiamo ammirare con la torre merlata del campanile. Nell'interno, a tre navate su pilastri, vi sono numerose opere d'arte dell'epoca.

Domina l'ambone, opera di scultore lucchese vicino a *Guido da Como*, della seconda metà del XII secolo. Il pulpito è sorretto da quattro colonne di marmo rosso poggianti sulla schiena di un vecchio barbuto, quelle posteriori, e quelle anteriori su leoni.

A sinistra del duomo è il palazzo pretorio con l'elegante loggetta del Podestà del secolo XIV.

Usciti dalle mura della Porta Reale, o Marcianella, per la strada che scende all'Ospedale, s'incontra la chiesa di S. Francesco del

Barga - Il Duomo

sec. XVI. Si accede dal porticato del bel chiostro e si possono ammirare tre stupendi altari robbiani: a sinistra S. Francesco Stimmatizzato, a destra la Nascita di Gesú, e nel coro, l'Assunzione di Maria, oltre a due belle statue robbiane di S. Andrea e Sant'Antonio Abate.

A pochi minuti da Barga si trova Castelvecchio Pascoli. Prima del paese, una strada a destra risale la collina dove sorge la casa del Pascoli, lungo e sereno rifugio per le sue meditazioni.

Il Poeta ha composto qui gran parte delle sue opere ed ha dedicato a questo paese la raccolta di

Barga - Panorama

poesie "I Canti di Castelvecchio". In questa casa il Pascoli ha trascorso gli ultimi giorni della sua vita, ed una cappella custodisce le sue spoglie e quelle della sorella Maria.

Nel palazzo comunale di Barga vi è un bel ritratto del Poeta, opera del *Cordati*.

Barga è anche una amena e riposante località di villeggiatura. Con pochi minuti di macchina si può arrivare a Castelnuovo Garfagnana, altro importante centro della vallata con un'antica Rocca medioevale, un bel duomo e numerose, belle passeggiate nei dintorni

Barga - Ritratto di Giovanni Pascoli (Bruno Cordati)

TORRE DEL LAGO PUCCINI

Sulla via Aurelia, fra Pisa e Viareggio, non lontano da Lucca, s'incontra Torre del Lago Puccini, tranquilla località di villeggiatura estiva a breve distanza dalla riviera della Versilia e dal pittoresco lago di Massaciuccoli.

Verso la bella spiaggia, orlata da una folta pineta, si incontra, sulla destra, lo stupendo viale dei Tigli, lunga e ombrosa passeggiata alberata che raggiunge Viareggio.

In direzione opposta, un altro suggestivo viale fiancheggiato da tigli conduce al piccolo lago di Massa-

ciuccoli, uno specchio d'acqua posto ai piedi delle estreme propaggini meridionali delle Alpi Apuane. Torre del Lago è divenuta famosa per aver ospitato per lungo tempo il grande musicista Giacomo Puccini.

Interessante è la visita alla casa di Giacomo Puccini, arredata con i mobili originali e numerosi ricordi del maestro. Nei lunghi soggiorni in questa casa, Puccini ha composto la maggior parte delle sue opere.

Ritratto di Giacomo Puccini (Luigi de Servi 1902)
Conservato a Lucca - Palazzo Orsetti

NOTIZIE UTILI

PROVINCIA DI LUCCA
SERVIZIO TURISMO
Cortile degli Svizzeri   ✆ 0583 - 4171

AZIENDA DI PROMOZIONE
TURISTICA DI LUCCA
Piazza Guidiccioni, 2 -   ✆ 0583 - 491205

ASSESSORATO AL TURISMO
COMUNE DI LUCCA
Vecchia Porta S. Donato, P.le Verdi
    ✆ 0583 - 492935 -36

UFFICIO POSTALE
Via Vallisneri, 2   ✆ 0583 - 46669

CENTRO TELEFONICO PUBBLICO
Via Cenami, 19 - orario 7 - 23

OSPEDALE DI LUCCA
Via dell'Ospedale   ✆ 0583 - 9701

QUESTURA
Via Cavour, 38   ✆ 0583 - 4551

CARABINIERI
Cortile degli Svizzeri, 4   ✆ 0583 - 47821

VIGLI URBANI
Via S. Giustina, 32   ✆ 0583 - 442727

A.C.I. Automobil Club d'Italia
Via Catalani, 59   ✆ 0583 - 582626

POLIZIA STRADALE
Via Pisana, 352   ✆ 0583 - 312555

UFFICIO OGGETTI SMARRITI
c/o Comune di Lucca Uff. Economato
Via C. Battisti, 10   ✆ 0583 - 442388

TRASPORTI

STAZIONI FERROVIARIA DI LUCCA
Piazza Ricasoli   ✆ 0583 - 47013

STAZIONI AUTOLINEE LUCCA
C.L.A.P. - P.le Verdi   ✆ 0583 - 587897
LAZZI - P.le Verdi   ✆ 0583 - 584876

AEROPORTO E. SQUAGLIA
DI LUCCA
Tassignano (Capannori)   ✆ 0583 - 936062
traffico turistico, commerciale nazionale, traffico di aeromodelli ed elicotteri executive, servizio aerotaxi - base di elisoccorso e aerosoccorso

NOLEGGIO BICICLETTE
Casermetta S. Donato - Mura Urbane
    ✆ 0583 - 442935
Antonio Poli - P.zza S. Maria , 42
    ✆ 0583 - 493787
Cicli Bizzarri - P.zza S. Maria , 32
    ✆ 0583 - 496031

TAXI
Piazza Napoleone   ✆ 0583 - 492691
Piazza Stazione   ✆ 0583 - 494989
Piazzale Verdi   ✆ 0583 - 581305
Piazza S. Maria   ✆ 0583 - 494190
Campo di Marte (Ospedale) ✆ 0583 - 950623

MUSEI e LUOGHI TURISTICI

MUSEO DELLA CATTEDRALE
Piazza del Duomo   ✆ 0583 - 490530
Orario: Novembre - Aprile ore 10-13 - 15-18
Maggio - Ottobre ore 9,30 - 18
Gruppi prenotazione obbligatoria - Lunedì chiuso

MUSEO DEL RISORGIMENTO
Cortile degli Svizzeri, 6   ✆ 0583 - 91636
Visite su prenotazione, avvisando due giorni prima

MUSEO NAZIONALE DI VILLA GUINIGI
Via della Quarquonia   ✆ 0583 - 496033
Orario: martedì - domenica ore 9 - 14
Chiuso il lunedì, giorni di Natale, Capodanno e 1° Maggio

PINACOTECA NAZIONALE
MUSEO DI PALAZZO MANSI
Via Galli Tassi   ✆ 0583 - 55570
Orario: feriali ore 9 - 19 - festivi ore 9 - 14
Chiuso il lunedì, giorni di Natale, Capodanno e 1° Maggio

TORRE GUINIGI
Via S'Andrea, (Palazzo Guinigi)
    ✆ 0583 - 48524
Orario: Novembre - Febbraio ore 10 - 16,30
Marzo - Settembre ore 9 - 19,30
Ottobre - ore 10 - 18

PALAZZO PFANNER
Visita al giardino - da Aprile a Novembre
Orario: 10 - 18

CASA PUCCINI
Celle Puccini (Pescaglia)   ✆ 0583 - 359154
Orario: Sabato e Domenica ore 15 - 19
altri giorni solo su appuntamento

CASA G. PASCOLI
Castelvecchio Pascoli   ✆ 0583 - 766147
Orario invernale ore 10 - 13 - 14,30 - 17
Orario estivo ore 10 - 13 - 15 - 18,30
Lunedì chiuso

CASA NATALE GIACOMO PUCCINI
FONDAZIONE PUCCINI
Corte S. Lorenzo, 9 (Via di Poggio)
    ✆ 0583 - 584028
Orario: 15 Marzo - 30 Giugno ore 10-13 - 15-18
1 Luglio - 31 Agosto ore 10-13 - 15-19
1 Settembre - 15 Novembre ore 10-13 - 15-18
16 Novembre - 31 Dicembre ore 10-13

MUSEO CIVICO DEL TERRITORIO DI BARGA

P.le Arringo (Barga) ℃ 0583 - 711100

Orario: feriali ore 10,30 - 12,30
Domenica: ore 10,30 - 12,30 - 15 - 17
Luglio e Agosto: ore 10,30 - 12,30 - 16,30 - 19
Chiuso il lunedì

MUSEO DELLA FIGURINA DI GESSO E DELL' EMIGRAZIONE

Palazzo Vanni (Coreglia Antelminelli)
℃ 0583 - 78082

Orario: invernale feriale ore 8 - 13
estivo feriale ore 8 - 13
festivi non di domenica 10 - 13 - 16 - 19
Chiuso la domenica

MUSEO CIVICO DI REPERTI ARCHEOLOGICI E CERAMICHE RINASCIMENTALI ℃ 0583 - 618888

Ubicato nella Rocca di Camporgiano (LU)
apertura a richiesta

MOSTRA PERMANENTE ARCHEOLOGICA

Via Vallisneri, 8 - Castelnuovo Garfagnana
Orario: Novembre - Maggio martedì ore 9 - 13
15 - 18 - venerdì 9 - 13

MOSTRA ETNOGRAFICA PERMANENTE MUSEO CONTADINO DELLA PIANA DI LUCCA

Capannori ℃ 0583 - 935808 - 935494
Telefonare per informazioni sugli orari di apertura delle varie sezioni

VILLA MANSI

Segromigno in Monte ℃ 0583 - 442140
Orario invernale ore 10 - 12,30 - 15 - 17
Orario estivo ore 10 - 12,30 - 15 - 19
Lunedì chiuso

VILLA TORRIGIANI

Camigliano ℃ 0583 - 928041
Orario: 1 Marzo - 5 Novembre ore 10-12 - 15-18
Chiuso il martedì
Con l'ora legale apertura: ore 10-13 - 15-19
dal 6 al 30 Novembre e festivi di Dicembre solo gruppi, su prenotazione - Gennaio e Febbraio chiuso

VILLA REALE DI MARLIA

Lunedì chiuso ℃ 0583 - 30108
Apertura del parco: 1 Marzo - 30 Novembre
visite solo su appuntamento

VILLA BUONVISI (VILLA BOTTINI)

Via Elisa ℃ 0583 - 442140
Giardino aperto al pubblico
Orario: 9 - 13,30

GIGLIO

P.zza del Giglio, 2 ℃ 0583 - 494058

TEATRO

P.zza Napoleone, 25 ℃ 0583 - 493740

ANTICO CAFFE' DELLE MURA

P.zza Vittorio Emanuele, 2 ℃ 0583 - 47962

BUATINO

Via Borgo Giannotti, 508 ℃ 0583 - 343207

BUCA DI S. ANTONIO

Via Della Cervia, 3 ℃ 0583 - 55881

GIULIO IN PELLERIA

Via delle Conce, 47 ℃ 0583 - 55948

OSTERIA BARALLA

Via Anfiteatro, 5-7-9 ℃ 0583 - 440240

CANULEIA

Via Canuleia ℃ 0583 - 47470

DA LEO

Via Tegrimi, 1 ℃ 0583 - 492236

ALL' OLIVO

Piazza S. Quirico, 1 ℃ 0583 - 46264

GLI ORTI DI VIA ELISA

Via Elisa, 17 ℃ 0583 - 491241

GRAND HOTEL GUINIGI

Via Romana, 1247 ℃ 0583 - 4991

PRINCIPESSA ELISA

S. Statale del Brennero, 1952 (3 km. da Lucca)
℃ 0583 - 379737

NAPOLEON

Viale Europa, 536 ℃ 0583 - 316516

VILLA LA PRINCIPESSA

S. Statale del Brennero, 1616 (Massa Pisana)
3 km. da Lucca ℃ 0583 - 370037

VILLA SAN MICHELE

Via della Chiesa, 462 S. Michele in Escheto
4 km. da Lucca ℃ 0583 - 370276

LA LUNA

Via Fillungo, ang. Corte Compagni, 12
℃ 0583 - 493634

CELIDE

Viale Giusti, 25 ℃ 0583 - 954106

PICCOLO HOTEL PUCCINI

Via di Poggio, 9 ℃ 0583 - 54421 - 53487

REX

Viale Giusti, 25 ℃ 0583 - 954106

SAN MARCO

Via S. Marco, 25 - Loc. S. Marco ℃ 0583 - 495010

MODERNO

Via V. Civitali, 38 ℃ 0583 - 55840

UNIVERSO

Piazza del Giglio, 1 ℃ 0583 - 493678

INDICE

© Copyright 2004

OGB - Officina Grafica Bolognese S.r.l. - Via del Fonditore, 6/5 - 40138 Bologna - Italia
Tel. +39 051.53.22.03   Fax +39 051.53.21.88   E-mail: ogb@tuttopmi.it
Tutti i diritti riservati. Riproduzione anche parziale vietata.
Stampato in UE da Officina Grafica Bolognese - Bologna - Italy